Lovis Stricker

Zielsetzungsprozesse am Arbeitsplatz

Wie Unternehmen mit individuellen Zielen die Leistung ihrer Mitarbeiter steigern

Bibliografische Information der Deutschen Nationalbibliothek:

Die Deutsche Nationalbibliothek verzeichnet diese Publikation in der Deutschen Nationalbibliografie; detaillierte bibliografische Daten sind im Internet über http://dnb.d-nb.de abrufbar.

Impressum:

Copyright © Studylab 2020

Ein Imprint der GRIN Publishing GmbH, München

Druck und Bindung: Books on Demand GmbH, Norderstedt, Germany

Coverbild: GRIN Publishing GmbH | Freepik.com | Flaticon.com | ei8htz

Inhaltsverzeichnis

Abbildungsverzeichnis

Tabellenverzeichnis

1 Einleitung

Wir leben in einer Zeit, in welcher der Markt durch die fortschreitende Globalisierung immer homogener wird. Hierdurch verschwimmen die Grenzen zwischen Unternehmen und ihren Konkurrenten immer mehr. Um sich von der Konkurrenz abzuheben wird das Humankapital in Unternehmen immer bedeutsamer. Umso wichtiger ist es, die Produktivität der Mitarbeiter zu steigern. Dabei spielt die, in dieser Arbeit behandelte, Zielsetzungstheorie eine wichtige Rolle. Dabei sollen Mitarbeiter durch Ziele am Arbeitsplatz zu ihren bestmöglichen Leistungen motiviert werden. Speziell beschäftigt sich diese Arbeit mit dem Aspekt des Zielsetzungsprozesses. Intention dieser Arbeit ist es, eine Handlungsempfehlung für Unternehmen zu formulieren, ob und inwieweit Mitarbeiter bei der Festlegung der Ziele mitbestimmen sollten.

Den Grundstein für dieses Forschungsgebiet legte der Psychologe E. A. Locke im Jahr 1968. Er untersuchte mithilfe seines Kollegen G. P. Latham über 30 Jahre lang den psychologischen Zusammenhang zwischen Zielen und Leistung und ist ein Pionier auf diesem Gebiet. Eines der bekanntesten Prinzipien das in diesem Zusammenhang entwickelt wurde, ist das Konzept Ziele S.M.A.R.T. zu wählen (vgl. Doran, 1981, S. 35 f., Latham & Locke, 2002, S. 705 ff.). Dabei sollen Ziele folgende Eigenschaften erfüllen, um optimale Ergebnisse zu erzielen:

Specific – Umso spezifischer Ziele gewählt werden, desto genauer kann die Leistung beeinflusst werden (vgl. Locke, 1996, S. 118). Auch die Messbarkeit von Zielen ist einfacher bei spezifischeren Zielen.

Measurable – Die Messbarkeit von Zielen ist sehr wichtig, um zu überprüfen, ob die Ziele erreicht wurden.

Achievable – Ziele sollten erreichbar sein, da sie andernfalls keinen beziehungsweise gegebenenfalls sogar einen negativen Einfluss auf die Leistung haben können (vgl. Lee, Locke, & Phan, 1997, S. 541 ff.; Goerg & Kube, 2012, S. 20; Corgnet, Gómez-Miñambres, & Hernán-Gonzálezd, 2015, S. 2938).

Realistic – Es ist auch wichtig realistische Ziele zu wählen, da diese sonst keine Wirkung auf die Leistungen der Mitarbeiter haben (vgl. Doran, 1981, S. 6).

Time-based – Die Ziele sollten einen zeitlichen Rahmen, wie Deadlines oder einen Zeitplan, besitzen.

Seit den 1990er Jahren wurde Zielsetzung auch in Forschungen mit Fokus auf den ökonomischen Nutzen immer wichtiger und die Erkenntnisse immer zahlreicher. Hier setzt diese Arbeit an und analysiert die vorhandene Literatur im Zusammenhang mit dem Zielsetzungsprozess. Die heutige Forschung tendiert zu der Aussage, dass korrekt gewählte Ziele am Arbeitsplatz zu einer Leistungssteigerung der Mitarbeiter führen (vgl. Latham & Locke, 2002, S. 705 ff.).

Zu Beginn der Arbeit werden die Rahmenbedingen für Ziele am Arbeitsplatz aufgezeigt und die Notwendigkeit von Zielsetzungen verdeutlicht. Daraufhin werden im Hauptteil zuerst die Grade an Mitbestimmung beim Zielsetzungsprozess einzeln und danach im direkten Vergleich miteinander betrachtet. Im Anschluss werden mögliche negative Aspekte der Zielsetzung diskutiert. In diesem Kapitel wird auch weiterer Forschungsbedarf aufgezeigt. Zum Schluss wird eine Handlungsempfehlung gegeben und mit einem Fazit konkludiert.

Ziel dieser Arbeit ist es dem Leser einen Überblick über die Möglichkeiten und Auswirkungen durch Zielsetzung zu geben und diese, falls nötig, auch am Arbeitsplatz anwenden zu können.

2 Allgemeines

Dieses Kapitel gibt einen kurzen Überblick über das Thema Zielsetzung. Darüber hinaus wird gezeigt, warum und in welcher Weise diese Ziele konkret am Arbeitsplatz gestaltet werden.

2.1 Begriffliche Einführung

Hodge und Anthony (1988, zitiert nach Emsley 2013, S. 345) definieren Ziele als „an unrealised state or condition that members of an organization do not possess but which is deemed desirable". Demnach ist ein Ziel ein erstrebenswerter Zustand, der noch nicht erreicht wurde. Am Arbeitsplatz können Ziele viele Formen annehmen (siehe Kapitel 2.4).

Zwei Begriffe, die auch in der Literatur zu Zielsetzungstheorie oft verwendet werden, sind intrinsische und extrinsische Motivation. „Intrinsische Motivation ist die innere, aus sich selbst entstehende Motivation." (Lernpsychologie, 2019). Diese Motivation kann daraus entstehen, dass etwas Spaß macht, herausfordernd ist oder etwas einfach sinnvoll ist (vgl. Lernpsychologie, 2019). Bei der extrinsischen Motivation hingegen, entsteht die Motivation durch äußere Einflüsse (vgl. Gabler Wirtschaftslexikon, 2019). Bei der Zielsetzungstheorie können das beispielsweise Bonuszahlungen beim Erreichen des Ziels sein.

2.2 Prinzipal-Agenten Modell im Kontext der Zielsetzung am Arbeitsplatz

Das Prinzipal-Agenten Modell bietet eine theoretische Grundlage, auf der die Notwendigkeit und der Nutzen von Zielen am Arbeitsplatz begründet werden kann. Zwei Akteure spielen in diesem Modell eine Rolle: Zum einen der Prinzipal, der Auftraggeber und zum andern der Agent, der Beauftragte. In dem hier betrachteten Rahmen, stellt der Arbeitgeber den Agenten und der Arbeitnehmer den Prinzipal dar. Das Modell beschreibt das Ungleichgewicht von Informationen. Der Arbeitnehmer kennt seine eigenen Fähigkeiten, Fertigkeiten und Qualifikationen besser als der Arbeitgeber. Dies wird „Adverse Selektion" genannt. Außerdem ist es oft schwierig für den Arbeitgeber bestimmte Handlungsspielräume und das Engagement des Arbeitnehmers am Arbeitsplatz zu überwachen. Dies wird „Moral Hazard" genannt. Außerdem haben Arbeitgeber und Arbeitnehmer oft unterschiedliche Interessen. Dem Arbeitgeber ist der maximale Nutzen durch seine Mitarbeiter am wichtigsten. Den Arbeitnehmern hingegen ist es oft nicht wichtig, den Umsatz des Unternehmens zu steigern. All dies führt zu einer Situation, in welcher der Arbeitnehmer nicht mit Konsequenzen rechnen muss, falls er sein volles Potenzial nicht ausschöpft und keinen vollen Einsatz bringt. Eine Lösungsmöglichkeit bietet hier die Zielsetzung. Die einerseits, die Überprüfung durch den Arbeitgeber, andererseits auch die Steigerung der Motivation des Arbeitnehmers mit sich bringt (vgl. für diesen Absatz Jensen & Meckling, 1976, S. 305 ff.).

2.3 Beweggründe und Erwartungen von Arbeitgebern

Durch Ziele versprechen sich Unternehmen und ihre Manager Verbesserungen. Sie sollen den Fokus, die Beharrlichkeit, die Zufriedenheit und das Selbstvertrauen der Mitarbeiter steigern und zu einer höheren Produktivität führen (vgl. Latham & Locke, 2002, S. 705 f.).

Bereits 2001 wird über das sogenannte „Cyberslacking" berichtet (vgl. Mills, Hu, Beldona, & Clay, 2001, S. 34ff). Dabei handelt es sich um die nicht arbeitsrelevante Nutzung des Internets während der Arbeitszeit (vgl. Camebridge Dictionary online). Bereits drei Jahre vor der Gründung von Facebook gaben Mills et al. (2001, S. 34 ff.) eine durchschnittliche Nutzungsdauer des Internets von bis zu 2 Stunden pro Tag für nicht arbeitsrelevante Tätigkeiten an gut vernetzten Arbeitsplätzen an. Diese These wird auch 2006 von American Online und Salary.com veröffentlichten Studie gestützt, bei der 29% der Befragten aussagten, bis zu 5 Stunden pro Woche mit „Cyberslacking" zu verbringen (Malachowski & Simoni, 2006, zitiert nach Strader, Simpson und Clayton 2009, S. 465). Facebook wurde als meistbesuchte Seite in dieser Zeit angegeben. Die durchschnittliche tägliche Verweildauer im Internets hat sich von 2006 bis 2017 mehr als verdreifacht (vgl. ARD, ZDF, 2017). Dies lässt darauf schließen, dass auch die Zeit, die am Arbeitsplatz mit „Cyberslacking" verbracht wird, gestiegen ist. Das ist nur ein Teil der Zeit, die am Arbeitsplatz mit nicht arbeitsrelevanten Tätigkeiten verbracht wird. Als zweithäufigster Grund für ineffiziente Arbeitszeit nennen Malachowski und Simoni (zitiert nach Strader, Simpson und Clayton 2009, S.465) Unterhaltungen über nicht arbeitsrelevante Themen mit den Arbeitskollegen. Dies verdeutlicht nur einen kleinen Ausschnitt des Problems und den Gründen, warum Mitarbeiter am Arbeitsplatz nicht ihr volles Potenzial ausschöpfen.

Ein weiterer wichtiger Aspekt der Zielsetzung ist die bessere Planungssicherheit für die Zukunft. Durch Ziele und deren Überprüfungsmechanismen erhalten die Vorgesetzten im Optimalfall eine klare Vorstellung über die Strukturen und Abläufe des Unternehmens und zukünftige Entwicklungen. Auch retrospektiv können Unternehmen von Zielsetzung profitieren. Aus den Ergebnissen der Überprüfungen der Ziele wird leichter ersichtlich, in welchen Bereichen es noch Verbesserungspotenzial gibt (vgl. Andrews, Carpentier, & Gowen, 2001, S. 44 ff.; Anderson, Dekker, & Sedatole, 2010, S. 90 ff).

2.4 Form von Zielen am Arbeitsplatz

Um eine Steigerung der Produktivität im Unternehmen zu erreichen, gibt es viele verschiedene Ansätze und Stellschrauben für Ziele am Arbeitsplatz. Die wichtigste Eigenschaft der gesetzten Ziele am Arbeitsplatz ist die Messbarkeit (vgl. Doran, 1981, S. 35 f.). Darum haben sich viele Studien mit sogenannten „Measurement Systems" beschäftigt und verschiedene Lösungen entwickelt (vgl. Kaplan & Norton, 1992, S. 71 ff.; Neely et al., 2000, S. 156 ff.; Bourne, Kennerley und Franco Santos, 2005, S. 171 ff.; Safari, 2016, S. 307 ff.). Dabei handelt es sich um die verschiedenen Möglichkeiten die Effizienz und Wirksamkeit bestimmter Handlungsbereiche zu quantifizieren (vgl. Neely et al., S. 157 f.). Jedoch wird in diesen Studien meist Zielsetzung nicht speziell untersucht, sondern lediglich ein System entwickelt bzw. bewertet, um die Effizienz eines Unternehmens zu überprüfen und zu überwachen. Die Ergebnisse bieten allerdings Ansätze für ein besseres Verständnis, an welcher Stelle und in welcher Form Ziele genutzt werden können.

Die von Kaplan und Norton (1992, S. 71 ff.) entwickelte „Balanced Scorecard" (vgl. Abbildung 1) gibt einen guten Überblick, welche Faktoren innerhalb eines Unternehmens messbar sind und in welche Kategorien man diese einteilen kann. Kaplan und Norton unterscheiden in vier Kategorien: Finanzielle, Interne Geschäftsprozess-, Kunden- und Lern- und Entwicklungsperspektive. Für jede dieser Kategorien machen sie Vorschläge, welche Faktoren gemessen und überprüft werden sollten. Diese bieten sich auch an Ziele zu formulieren. Auch die sich mit der Zielsetzungstheorie beschäftigende Literatur unterscheidet oft zwischen leistungsbasierten Zielen und Lernzielen (vgl. Latham & Locke, 2002, S. 706 ff.; Seijts & Latham, 2005, S. 291 ff.; Bhargava & Pradhan, 2018, S. 91 f.). Leistungsbasierte Ziele sind leichter zu messen und zu überwachen. Darunter versteht man beispielsweise Verkaufszahlen und Umsatzziele. Bei den lernbasierten Zielen hingegen liegt der Fokus nicht auf dem Endresultat, sondern auf dem Erwerb und der Weiterentwicklung von Fähigkeiten und Wissen. Das Ziel dahinter ist es, die Mitarbeiter zu motivieren und effektivere Herangehensweisen und Problemlösungen bei ihren Aufgaben zu entwickeln (vgl.Bhargava & Pradhan, 2018, S. 91).

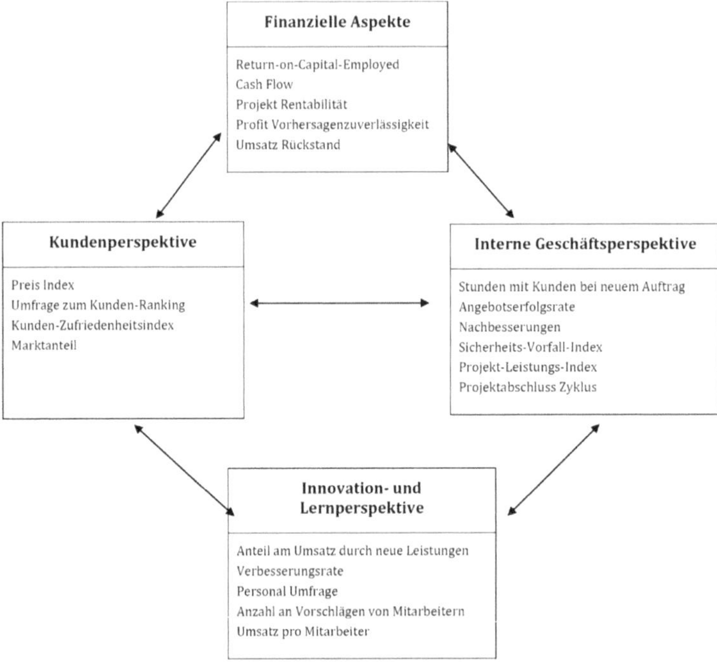

Abbildung 1: Eigene Darstellung angelehnt an die Balanced Scorecard
(Quelle: Kaplan& Norton, 1992, S. 72)

Die wahrscheinlich weitverbreitetste Form von Zielen sind Deadlines. Dabei handelt es sich um Zeitvorgaben, zu denen bestimmte Aufgaben oder Projekte abgeschlossen sein müssen. Diese sind leicht zu implementieren und zu überprüfen (vgl. Balasubramanian, Lee, & Sivadasan, 2018, S.1804 ff.).

Ein weiterer wichtiger Faktor in der Zielsetzung ist die Entscheidung, wer die zu erreichenden Ziele festlegt. Hier gibt es verschiedenste Möglichkeiten. Eine davon ist das exogene Festlegen der Ziele. Hier werden die Ziele durch einen Vorgesetzten ausgewählt. Dies wurde in vielen Studien getestet und diskutiert (vgl. Latham & Locke, 2002, S. 708; Goerg & Kube, 2012, S. 1 ff.; Sholihin, Pike, Mangena, & Jing, 2011, S. 135 ff.). Der entscheidende Faktor hierbei ist die Menge und Qualität der Informationen, die dem Vorgesetzten zur Verfügung stehen, um die Ziele festzulegen. Da diese oft nicht ausreichen, gibt es eine zweite Möglichkeit der Zielsetzung: Die Ziele gemeinsam mit den Mitarbeitern festzulegen (vgl. Anderson, Dekker, & Sedatole, 2010, S. 90 ff.; Clark, Gill, Prowse, & Rush, 2017, S. 1 ff.). Dies geschieht meist in gemeinsamen Gesprächen, in denen die Mitarbeiter ihre Zielvorstellungen mit den Vorgesetzten besprechen können und diese entweder das Ziel akzeptieren oder die Mitarbeiter zu höheren Zielen motivieren können (vgl. van Lent & Souverijn, 2017, S. 1 ff.). Die dritte und letzte Möglichkeit ist es, die Mitarbeiter selbst ihre Ziele wählen zu lassen (Goerg & Kube, 2012, S. 1 ff.; Buser, 2016, S. 3439 ff.; Clark, Gill, Prowse, & Rush, 2017, S. 1 ff.). In diesem Fall geschieht dies ohne Absprache mit den Vorgesetzten.

Als letztes ist zu entscheiden, welche Anreize gewählt werden, die das Erreichen der Ziele belohnen beziehungsweise das Nichterreichen bestrafen. Bestrafungen sind nicht sehr verbreitet und spielen daher keine große Rolle in der Literatur. Der einzige untersuchte Sachverhalt, bei dem das Nichterreichen tatsächlich bestraft wird, sind Deadlines (vgl. Balasubramanian, Lee, & Sivadasan, 2018, S. 1804 ff.). Balasubramanian, Lee und Sivadasan untersuchen 2018 den Einfluss von Deadlines. Hier gibt es beispielsweise eine Vertragsstrafe, falls Deadlines beim Einreichen von Patentanträgen nicht eingehalten werden. Weitaus verbreiteter sind jedoch Bonussysteme, bei denen das Erreichen von Zielen in Bonuszahlungen resultiert (vgl. Dohmen & Falk, 2011; Goerg & Kube, 2012; Buser, 2016; Corgnet, Gómez-Miñambres, & Hernán-González, 2015). Häufig werden Ziele jedoch gar nicht belohnt. Bei dieser Vorgehensweise werden die Ziele als intrinsischer Motivator gesehen und die verbesserte Leistung kommt nicht von der Absicht, das Gehalt zu verbessern (vgl. Goerg & Kube, 2012, S. 32 ff.;Corgnet, Gómez-Miñambres, & Hernán-González, 2015, S. 2926 ff.).

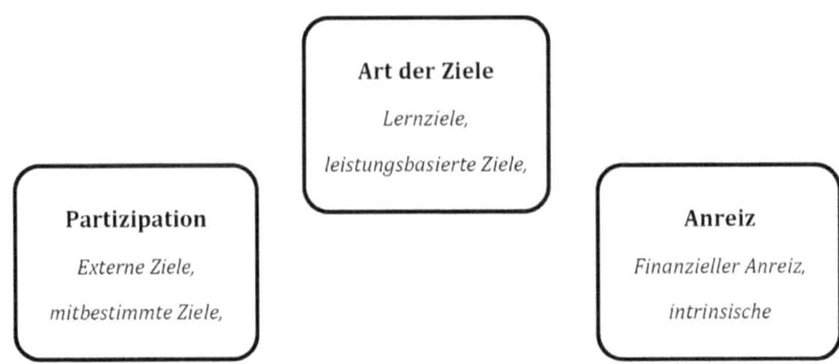

Abbildung 2: Übersicht über die verschiedenen Aspekte des Zielsetzungsprozess (Quelle: Eigene Darstellung)

2.5 Theoretischer Ansatz

Um den Zusammenhang von Zielsetzung und Leistung von Mitarbeitern zu beschreiben, modellieren Corgnet, Gómez-Miñambres, & Hernán-González (2015, S. 2931 ff.) eine extrinsische und eine intrinsische Nutzenfunktion. Als extrinisischer Nutzen V_E wird der Lohn w_i des Angestellten gewählt. Dieser setzt sich hier aus der Fähigkeit des Angestellten i θ_i, der Zeit, die zum produktiven Arbeiten genutzt wird e_i und dem Lohn pro geleistetem Output α zusammen:

$$V_E(\alpha, \theta_i, e_i) = w_i = \alpha \theta_i e_i$$

Die intrinsische Nutzenfunktion V_I hängt hingegen von dem Ziel g und vom produzierten Output y ab. Außerdem wird in diesem Modell, wie auch in vielen anderen Modellen, die Verlustaversion $\lambda > 1$ berücksichtigt (vgl. Heath, Larrick, & G., 1999, S. 82 ff. Gómez-Miñambres, 2012, S. 1226 ff.). Der Output y_i hängt von der Fähigkeit des Angestellten und der investierten Zeit ab: $y_i(\theta_i, e_i) = \theta_i e_i$. Damit Ergibt sich folgende Funktion für V_I:

$$V_I(y_i, g, \lambda) = \begin{cases} (y_i - g)^{1/2} & wenn\ y_i > g \\ -\lambda(-(y_i - g)^{1/2} & wenn\ y_i < g \end{cases}$$

Als Kosten kann die geleistete Anstrengung gesehen werden. Subtrahiert man von der Summe der beiden Nutzenfunktionen diese Anstrengungsfunktion $c(e_i) = e_i{}^2/2$ ergibt sich die Gesamtnutzenfunktion U:

$$U(y_i, g, \lambda, \alpha) = \begin{cases} w_i + (y_i - g)^{1/2} & wenn\ y_i > g \\ w_i - \lambda(-(y_i - g)^{1/2} & wenn\ y_i < g \end{cases}$$

Die Absicht des Managers, welcher das Ziel für den Angestellten wählt, ist es lediglich, das Ziel so zu wählen, dass der Output des Angestellten maximal wird.

Die Angestellten werden immer versuchen ihren Gesamtnutzen zu maximieren. Somit erhält man Abbildung 3. Hier kann man leicht ablesen, dass die Anstrengung der Mitarbeiter mit größerem finanziellem Anreiz steigt. Außerdem wird hier deutlich, dass die Leistung mit schwereren Zielen steigt, so lange diese erreichbar sind. Das ist eine sehr wichtige Schlussfolgerung, auf welche in Kapitel 3.1 noch näher eingegangen wird.

In diesem Modell wird der Effekt eines finanziellen Anreizes beim Erreichen des Ziels, wie zum Beispiel Bonuszahlungen, außer Acht gelassen. Da in dieser Arbeit jedoch der Fokus auf dem Zielsetzungsprozess liegt, stellt dies kein Problem dar. (Vgl. für das in diesem Kapitel vorgestellte Modell Corgnet, Gómez-Miñambres, & Hernán-González, 2015, S. 2931 ff.)

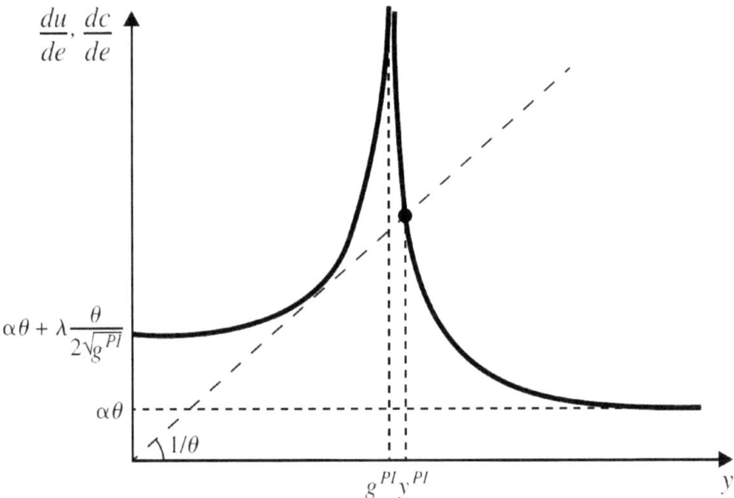

Abbildung 3: Werte für Ziele und Produktions Output im Perfekten Informationsgleichgewicht (Quelle: Corgnet, Gómez-Miñambres, & Hernán-González, 2015, S 2932)

3 Auswirkung verschiedener Zielsetzungsprozesse

In dem folgenden Kapitel werden verschiedene Studien auf dem Gebiet der Zielsetzung vorgestellt und deren Ergebnisse, bezogen auf den Grad der Partizipation der Mitarbeiter am Zielsetzungsprozess, analysiert.

3.1 Exogen vorgegebene Ziele

Oft hat der Arbeitnehmer keinen Einfluss auf das gegebene Ziel, sondern dies wird exogen, meist von dem Vorgesetzten, vorgegeben. Ob und inwieweit dieses Vorgehen die Leistung der Mitarbeiter steigert, haben Corgnet, Gómez-Miñambres, & Hernán-González (2015, S. 2926 ff.) untersucht. Ihr Ziel war es, die Wirksamkeit von vorgeschriebenen und lohnunabhängigen Zielen und den Zusammenhang mit Provisionszahlungen in einem Labor zu prüfen. Dazu nutzten sie ein Prinzipal-Agenten Setting, das es ihnen gleichzeitig auch ermöglichte, zu untersuchen, wie der Prinzipal die Ziele des Agenten wählt.

Es gibt zwar in der psychologischen Literatur eine Vielzahl an Studien, die vorgegebene, nicht verbindliche Ziele, d.h. Ziele dessen Erreichen, beziehungsweise Nichterreichen, keine Konsequenzen für den Betroffen haben, untersucht (vgl. Heath, Larrick, & Wu, 1999, S. 75ff; Latham & Locke, 2002, S. 705 ff.). Jedoch wurde dies in der Wirtschaftsliteratur größtenteils vernachlässigt. Wu, Heath und Larrick (2008, S. 1 ff.) untersuchten zwar nicht verbindliche Ziele, jedoch ohne finanzielle Anreize. Die einzige Studie, die Ähnlichkeit mit der Studie von Corgnet, Gómez-Miñambres, & Hernán-González aufweist, machten Goerg und Kube (2012, S. 1 ff.). Jedoch wurde hier der Fokus auf den Einfluss der selbstgewählten Ziele gelegt und nichtbindende Ziele sind hier nur eins von drei untersuchten Treatments.

Laut den Autoren hebt sich die Studie durch mehrere Punkte von anderen Studien ab (vgl. Corgnet, Gómez-Miñambres, & Hernán-González, 2015, S. 2927). Die von den Autoren gewählte provisionsbasierte Vergütung hat zur Folge, dass der finanzielle Anreiz überwiegend für das Verhalten und die Motivation der Teilnehmer verantwortlich ist. Damit wollten die Autoren das Zusammenspiel von Zielsetzung und finanziellen Anreizen und den damit verbundenen Crowding-Out-Effekt untersuchen. Beim Crowding-Out-Effekt handelt es sich um ein Konzept aus der Psychologie, im Hinblick auf Motivation (vgl. Corgnet, Gómez-Miñambres, & Hernán-González, 2015, S. 2927). Hierbei wird der Effekt beschrieben, bei dem sich eine Motivationsquelle, wie zum Beispiel die Freude an der Arbeit, mit einer anderen, zum Beispiel Bonuszahlungen, überschneidet und dadurch der Effekt einer der Motivationen an Einfluss auf das Verhalten verliert (vgl. Frey & Oberholzer-Gee, 1997, S. 746 ff.). Des Weiteren wurden die Ziele von den Probanden, denen die Managerrolle zufällig zugewiesen wurde, gewählt. Das machte es den Autoren möglich, das Verhalten bei der Wahl der Ziele zu beobachten. Der dritte, sehr wichtige Unterschied ist, dass die Probanden während der Studie die Möglichkeit hatten, im Internet zu surfen und somit eine tatsächliche Alternative zur eigentlichen Aufgabe hatten (vgl. Corgnet, Gómez-Miñambres, & Hernán-González, 2015, S. 2927). Dies spiegelt die Realität sehr viel besser wieder, als vergleichbare Studien ohne Ausweichmöglichkeit und hat einen Effekt auf das Ergebnis von Studien zu Motivation (vgl Corgnet, Hernán González, & Schniter, 2015, S. 284 ff.).

Basierend auf dem in Kapitel 2.5 vorgestellten theoretischen Ansatz, entwickelten die Autoren zwei Hypothesen. Die erste Hypothese bezieht sich auf den Output und die Anstrengung, welche in dieser Studie mit der Zeit, die der Proband der produktiven Aufgabe widmet, gemessen wird. Die Autoren rechneten damit, dass Manager Ziele nutzen, um die intrinsische Motivation und somit die Anstrengung der Mitarbeiter zu erhöhen und daraus folgt, dass durch das Festlegen von Zielen der Output steigt (vgl. Corgnet, Gómez-Miñambres, & Hernán-González, 2015, S. 2933).

Die zweite Hypothese betrifft die vom Manager festgelegten Ziele und besteht aus drei Punkten. Die Autoren erwarteten, dass die Manager Ziele wählen, die für den durchschnittlichen Mitarbeiter, eine Herausforderung darstellen. Diese, so dachten die Autoren, steigen mit höheren Provisionen. Außerdem nahmen die Autoren an, dass nicht zielbasierte, finanzielle Anreize und Ziele Komplemente sind und dadurch die Folgen von Zielsetzung am stärksten sind, wenn die Anreize hoch sind (vgl. Corgnet, Gómez-Miñambres, & Hernán-González, 2015, S. 2933).

Hypothese 1: *Output und Anstrengung des Agenten wird mit Zielsetzung höher sein als ohne.*

Hypothese 2. *(i) Manager wählen Ziele die herausfordernd für den durchschnittlichen Mitarbeiter sind.*

(ii) Der Manager wählt höhere Ziele, wenn die Provisionszahlungen höher sind.

(iii) Monetäre Anreize und Ziele sind Komplemente und dadurch ist der Effekt durch Zielsetzung am gravierendsten, wenn die Anreize hoch sind.

Abbildung 4: Hypothesenübersicht (vgl. Corgnet, Gómez-Miñambres, & Hernán-González, 2015, S. 2933)

Diese Hypothesen untersuchten die Autoren in einem Laborexperiment. Dieses bestand aus acht Perioden zu jeweils zehn Minuten. Die Probanden wurden zu Beginn jeder der acht Perioden zufällig in eine der zwei Rollen, Mitarbeiter oder Manager, zugeteilt. Daraufhin wurde jedem Mitarbeiter zufällig ein Manager zugeteilt. Am Anfang jeder Periode konnten die Manager des Ziel-Treatments ein Ziel für die jeweiligen Mitarbeiter auswählen. Die Aufgabe der Mitarbeiter war eine sogenannte „real-effort" Aufgabe. Also eine Aufgabe, die eine tatsächliche Aufgabe der Arbeitswelt widerspiegeln soll. Dabei mussten die Mitarbeiter die Summe der sechs Spalten einer Tabelle mit 36 ganzen Zahlen, die von null bis drei reichten, bilden. Insgesamt mussten sie das für 1 Stunde und 20 Minuten machen. Somit handelt es sich um eine lange und mühsame Aufgabe, für die man Anstrengung und Konzentration benötigt (vgl. Corgnet, Gómez-Miñambres, & Hernán-González, 2015, S. 2929). Außerdem beabsichtigten die Autoren mit ihrer Wahl, die intrinsische Motivation so gering wie möglich zu halten. Die Provisionshöhe pro korrekter Tabelle wurde ebenfalls zufällig am Anfang jeder Periode gewählt. Diese betrug entweder 10¢, 80¢ oder 150¢. Das machte es den Autoren möglich, den Zusammenhang zwischen finanziellen Anreizen und Zielsetzung zu untersuchen (vgl. für den vorgestellten Aufbau des Experiments Corgnet, Gómez-Miñambres, & Hernán-González, 2015, S. 2929). Hier konnte man auch argumentieren, dass dies das Ergebnis verfälscht, da die extrinsische Motivation von beispielsweise 80¢ niedriger sein könnte, nachdem in der vorhergehenden Periode 150¢ gezahlt wurde, als wenn der Proband durchgehend 80¢ bekommen hätte (vgl. Yin, Chen, & Sun, 2013, S. 1191 ff.). Für diese Arbeit hat dies jedoch keinen großen Einfluss, da nicht der finanzielle Anreiz, sondern der Zielsetzungsprozess im Fokus steht.

Es gab keinerlei finanzielle Bestrafung für inkorrekte Tabellen. Am Ende jeder Periode wurde der Gesamtverdienst zwischen dem Manager und dem Mitarbeiter geteilt und auf einem Bildschirm in einem Ereignisfenster angezeigt. Es ist wichtig, dass die Manager nicht die Höhe der Provision wählten, da das einen sogenannten Gift-Exchange zwischen Manager und Mitarbeiter verhindert hätte (vgl. Corgnet, Gómez-Miñambres, & Hernán-González, 2015, S. 2929). Dabei handelt es sich um einen Effekt der beschreibt, dass ein Mitarbeiter den geforderten Mindestanspruch übertrifft. Dies kann als Geschenk des Mitarbeiters gewertet werden. Ursachen hierfür können beispielsweise Verbundenheit oder positive Gefühle gegenüber dem Unternehmen sein. Im Gegenzug erwartet jedoch der Mitarbeiter auch einen fairen Lohn, was als Geschenk von Seiten des Arbeitgebers verstanden werden kann (vgl. Akerlof, 1982, S. 543 ff.). Nachdem die Provisionshöhen festgelegt waren, wurden die Ziele der Manager festgelegt. Als Ziel wurde eine Anzahl an korrekt ausgefüllten Tabellen gewählt. Das Erreichen des Ziels hatte jedoch keinerlei Einfluss auf die Bezahlung. Der Manager hatte auch die Möglichkeit, ausdrücklich die Option „Kein Ziel" zu wählen. Dies wurde dann dem Mitarbeiter anstelle des Ziels angezeigt. Zu jeder Zeit hatten alle Probanden Einsicht in das Ereignisfenster mit den vergangenen Leistungen. Während des Experiments konnten die Mitarbeiter jederzeit das Fenster auf ihrem Bildschirm wechseln und im Internet surfen. Währenddessen konnten sie aber keine Tabellen lösen. Dabei wurde ausdrücklich betont, dass ihre Internetnutzung vertraulich behandelt wird. Es wurde lediglich die genaue Zeit aufgezeichnet, welche die Probanden im Internet verbrachten. (vgl. für diesen Absatz Corgnet, Gómez-Miñambres, & Hernán-González, 2015, S. 2929)

Insgesamt nahmen 186 Studenten einer großen U.S. Amerikanischen Universität an der Studie teil und wurden zu gleichen Teilen zwei Treatments zugeordnet. Beim „goal"-Treatment konnte der Manager Ziele für seinen Mitarbeiter wählen. Im Baseline-Treatment gab es hingegen nicht die Möglichkeit der Zielsetzung. Die Bezahlung wurde in beiden Treatments gleichermaßen zwischen Mitarbeiter und Manager aufgeteilt. Das Experiment wurde auf 16, in acht Perioden aufgeteilte Sitzungen, verteilt. Die Probanden haben direkt im Anschluss ihren Lohn erhielten. (vgl. für diesen Absatz Corgnet, Gómez-Miñambres, & Hernán-González, 2015, S. 2929 f.)

Für diese Arbeit ist vor allem von Interesse, inwiefern sich die Leistungen der Probanden veränderte, sobald Ziele extern vorgegeben wurden. Im

Durchschnitt generierten die Mitarbeiter des „goal"-Treatments 15,2% mehr Output als im Baseline Treatment (siehe Abbildung 4). Output stellt hier korrekt ausgefüllte Tabellen dar. Daraus ergeben sich im Durchschnitt eine Lohnsteigerung von 5,28 $. Besonders interessant ist hier die Beobachtung, dass, wenn der Manager ausdrücklich die Option „kein Ziel" wählt, der Output nicht nur 37,1% niedriger als mit Zielsetzung im „goal"-Treatment ist, sondern auch 27,6% niedriger als im Baseline Treatment, wo es die Option der Zielsetzung nicht gab. Ein Grund hierfür könnte das Gefühl des Mitarbeiters sein, der Manager habe kein Interesse an seiner Arbeit. Den negativen Einfluss erkennen die Manager und wählen diese Möglichkeit nur in 5,8% der Fälle (vgl. für diesen Absatz Corgnet, Gómez-Miñambres, & Hernán-González, 2015, S. 2934).

		Goal setting	
	Baseline ($n = 376$)	Goals ($n = 354$)	No goals ($n = 22$)
Mean	9.66	10.76	7.41
Std. dev.	4.55	4.31	5.70

Abbildung 5: Output der Mitarbeiter in den verschiedenen Treatments
(Quelle: Corgnet, Gómez-Miñambres, & Hernán-González, 2015, S. 2934)

Die Signifikanz dieser Ergebnisse testeten die Autoren mit einem Linearen Paneldatenregressionsmodel mit zufälligen Effekten. Hierzu wählten die Autoren den Output als abhängige Variable. Die unabhängigen Variablen wurden durch eine Vielzahl an Dummy Variablen widergespiegelt: Zielsetzungstreatment, kein Ziel, hoher finanzieller Anreiz, Zeit und Mitarbeiter in der letzten Periode. Außerdem wurde eine Variable, die den finanziellen Anreiz in der letzten Periode widerspiegelt, eingeführt. Tabelle 1 zeigt eine Übersicht aller Variablen und ihre Beschreibungen (vgl. Corgnet, Gómez-Miñambres, & Hernán-González, 2015, S. 2934 f.).

Tabelle 2 zeigt, dass die oben beschriebenen Effekte durch Zielsetzung signifikant sind. Die Anzahl der korrekt ausgefüllten Tabellen steigt um 1,43 Tabellen pro Periode. Dieser Effekt sinkt mit niedrigerer Signifikanz mit der Zeit. Tabelle 3 zeigt ein weiteres Regressionsmodell mit den abhängigen Variablen: Arbeitseinsatz, Anzahl der bearbeiteten Tabellen und dem Anteil an richtig gelösten Tabellen. Hier wird deutlich, dass auch die Anstrengung im Zielsetzungstreatment, hier in der Zeit gemessen, die Mitarbeiter mit der Aufgabe anstatt mit surfen, verbrachten, um 5,2% steigt. In der Tabelle 3 ist auch zu sehen, dass es keine signifikanten Unterschiede in der Genauigkeit der Bearbeitung gibt, obwohl die Anzahl der bearbeiteten Tabellen signifikant höher war. Das bedeutete, es kam zu keinerlei Konzentrationsproblemen durch die höhere Anstrengung. Die letzten für diese Arbeit relevanten Ergebnisse betreffen die Wahl der Ziele und deren Einfluss auf die Leistung. Manager wählten herausfordernde Ziele für einen durchschnittlichen Mitarbeiter. So war das durchschnittlich gewählte Ziel 10,2 korrekt gelöste Tabellen pro Periode und die durchschnittliche Anzahl an korrekt gelösten Tabellen, im Baseline-Treatment, 9,7. Im „goal"-Treatment lag der Durchschnitt, mit 10,7 Tabellen, jedoch über dem Ziel und dieses wurde in 59,8% der Fälle erreicht. Die Ziele wurden mit der Zeit gesteigert, da die Manager die Lernkurve der Mitarbeiter erkannten. Waren die Ziele in einem erreichbaren Rahmen, stieg die Produktivität mit höheren Zielen (vgl. für diesen Absatz Corgnet, Gómez-Miñambres, & Hernán-González, 2015, S. 2936 ff.).

Man könnte argumentieren, lohnunabhängige Zielsetzung spiele in der Realität lediglich eine kleine Rolle, da bei einer Vielzahl von Unternehmen Bonuszahlungen genutzt werden (Joseph & Kalwani, 1998, S. 149). Da hier jedoch trotz des nicht vorhandenen finanziellen Anreizes zum Erreichen des Ziels ein starker positiver Effekt durch exogen gegebene Ziele festgestellt wurde, kann man davon ausgehen, dass dieser durch zusätzliche finanzielle Anreize nur erhöht worden wäre. Daher schmälert dies nicht die Aussagekraft für die tatsächliche Arbeitswelt. Kritiker sind der Meinung, Laborstudien sind nicht ausreichend repräsentativ und Studenten schlechte Probanden, um Verhalten in der Arbeitswelt zu untersuchen. Hierbei wird aber die Absicht eines Laborexperiments, den Einfluss eines bestimmten Faktors auf das Verhalten isoliert zu untersuchen, außer Acht gelassen. Bei Feldstudien ist es schwerer, unbeabsichtigte Einflüsse zu neutralisieren, Faktoren wie zum Beispiel Lohn beliebig anzupassen und die Informationen, welche die Probanden besitzen, zu kontrollieren (vgl. Falk & Heckman, 2009, S. 535 ff.). Auch die Problematik der Wahl der Probanden ist weniger gravierend, als von vielen angenommen. Zu Beginn der Studien wurden zwar Unterschiede zwischen erfahrenen Arbeitern und Studenten festgestellt, dieser Effekt wird jedoch mit der Zeit ausgeglichen (vgl. Falk & Fehr, 2003, S. 401 f.). Des Weiteren werden die im Labor untersuchten Zusammenhänge im Nachhinein meist auch in Feldstudien getestet. Es gibt zahlreiche Studien, welche die Resultate von Corgnet et al. (2015, S. 2926 ff.) bestätigen. Banker, Lee und Potter (1996, S. 195 ff.) untersuchten den Effekt, den die Einführung eines auf Zielen basierenden Bonussystems in 15 Outlet Ladengeschäften in USA hatte. Sie beobachteten die Verkaufszahlen der Läden über 66 Monate und verglichen sie mit weiteren 19 Läden der Kette, in welchen kein Bonusplan eingeführt wurde. Die Verkaufszahlen stiegen im ersten Jahr nach der Einführung um durchschnittlich 9,3% und im nächsten um weitere 5% (vgl. Banke, Lee, & Potter, 1996, S. 215) und waren nach 5 Jahren 36% höher als in den Läden ohne Bonusplan (vgl. Banke, Lee, & Potter, 1996, S. 210). Auch Chung, Steenburgh und Sudhir (2013, S. 190 ff.) haben die Effekte eines auf Zielen basierenden Bonusplans in einem international agierenden Unternehmen untersucht und die positiven Effekte durch Zielsetzung hervorgehehoben.

Allerdings gibt es auch Aspekte, die dagegensprechen, Ziele exogen vorzugeben. Wie Corgnet et al. (2015, S. 2926 ff.) in ihrem Modell zeigen, führen sowohl zu leichte, als auch nicht erreichbare Ziele zu einem niedrigeren Output (siehe Abbildung 6). Auch andere Studien belegen, dass für eine Leistungssteigerung der Schwierigkeitsgrad der Ziele entscheidend ist (vgl. Latham & Locke, 2002, S. 705 f.; Goerg & Kube, 2012, S. 2 f.). Argumentiert man für die Notwendigkeit von Zielen mithilfe des Prinzipal-Agenten Modells und dem darin beschriebenen Ungleichgewicht der Informationen (siehe Kapitel 2.2), stellt sich die Frage, ob dieses Problem durch exogen gewählten Ziele gelöst werden kann. Es wird zwar versucht, das Interesse des Agenten mit dem des Prinzipals zu synchronisieren, jedoch sind für die optimale Wahl des Ziels vollständige Informationen über die Fähigkeiten und Fertigkeiten der Mitarbeiter von Nöten. Wären diese jedoch gegeben, wäre ein Großteil des Prinzipal-Agenten Problems gelöst. Wie in diesem Kapitel beschrieben, gibt es eine Vielzahl an Studien, die den positiven Effekt von exogen gewählten Zielen beschreiben. Die Frage ist aber, ob dies die optimale Wahl ist.

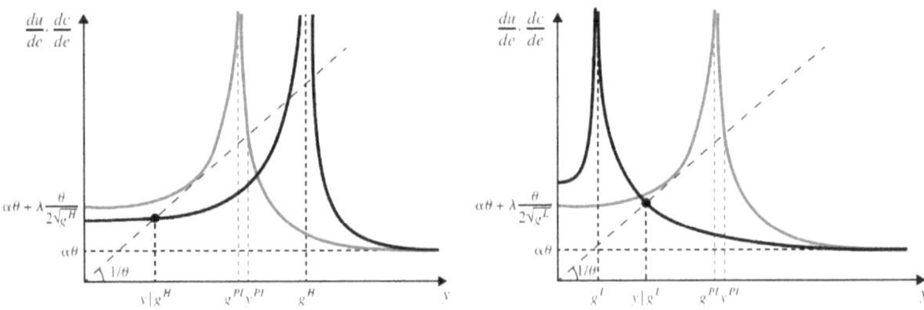

Abbildung 6: Verschiebung der Produktions-Kurve bei zu leichten (rechts) beziehungs-weise zu schweren (links) Zielen
(Quelle: Corgnet, Gómez-Miñambres, & Hernán-González, 2015, S. 2932)

3.2 Mitbestimmte Ziele

Ein ausschlaggebender Faktor für den Erfolg von Strategien ist die Akzeptanz der Mitarbeiter gegenüber diesen. So auch bei der Einführung von Zielen und der damit verbundenen Leistungskontrolle (vgl. Ho, Wu, & Wu, 2014, S. 38 ff.). Um die Akzeptanz der Mitarbeiter zu steigern, bietet es sich an, die Ziele gemeinsam festzulegen. Auf diesem Weg kann auch das Informationsungleichgewicht ausgeglichen werden. Besonders interessant ist hier zu betrachten, welchen Einfluss der Mitarbeiter auf seine Ziele aus welchen Gründen ausübt. Genau mit diesen Fragen beschäftigten sich Anderson, Dekker und Sedatole (2010, S. 90 ff.). Dabei werteten sie die Daten aus 61 Läden einer mittelgroßen Einzelhandelskette aus. Diese führte einen zielbasierten Bonusplan ein, bei dem die Geschäftsleiter bei der Zielsetzung mitbestimmen durften. Vor Einführung des neuen Bonusplans gab es eine Abteilung die, basierend auf unterschiedlichen Faktoren, Vorhersagen für alle Läden machte. Diese Vorhersagen hatten allerdings keinerlei Einfluss auf den Ladenmanager (im folgenden: Manager), sondern waren lediglich für die strategische Planung des kommenden Geschäftsjahres gedacht. Die Bonusraten der Manager, welche auf den Zielen im neuen Bonussystem basierten, wurden vorher auf subjektiver Ebene durch ihre Supervisor festgelegt. Dabei konnte der Vorjahresbonus nur erhöht werden und nicht gesenkt, was zu einem stetigen Anstieg der Boni führte (vgl. für diesen Absatz Anderson, Dekker, & Sedatole, 2010, S. 96).

In der Literatur wurden viele Untersuchungen bezüglich Mitbestimmung bei der Wahl des Budgets durchgeführt (vgl. Chong & Chong, 2002, S. 65 ff.; Heinle, Ross, & Saouma, 2014, S. 1025 ff.). Auch mit Studenten und Zielen an der Universität wurden Studien durchgeführt, bei denen die Studenten gemeinsam mit einem Ansprechpartner Ziele für ihr Studium wählten (vgl. van Lent & Souverijn, 2017, S. 1 ff.). Hier lag der Fokus jedoch auf der Leistung der Probanden und nicht auf dem Prozess der Zielfindung. Anderson et al. fokusierten sich hingegen auf die Effekte auf das Ziel, die durch mitbestimmende Zielsetzungsprozesse auftreten.

Außerdem möchten sie nicht die Gesamtleistung der Mitarbeiter untersuchen, sondern betrachtet die „Performance-to-Goal" isoliert. Diese ist definiert als Verkaufszahlen minus dem Verkaufsziel und spiegelt wieder, ob die Ziele erreicht beziehungsweise übertroffen werden (vgl. Anderson, Dekker, & Sedatole, 2010, S. 92 f.). Basierend auf den verschiedenen Studien, Wirtschaftstheorien und Experimenten, die zum Thema Zielsetzung durchgeführt wurden, gehen die Autoren davon aus, dass diese Leistung durch die Einführung des zielbasierten Bonusplan steigt. Jedoch stellen sie keine Hypothese bezüglich der Gesamtleistung auf, da sie von einem „slack-building Effort" der Mitarbeiter ausgehen. Dabei handelt es sich um die Absicht der Mitarbeiter das Ziel so niedrig wie möglich zu halten, um den Bonus mit weniger Aufwand zu erhalten (vgl. Anderson, Dekker, & Sedatole, 2010, S. 92 f.). Die zweite Hypothese besagt, dass, durch die Einführung des Bonusplans, die Genauigkeit der Vorhersagen steigt. Dies führen die Autoren auf drei Effekte zurück. Zum einen werden die Planung und Koordination durch bessere Informationen über die lokalen Bedingungen, verbessert. Zum Andern werden die Mitarbeiter durch die Einführung des Bonusplans motiviert, ihre Ziele zu erreichen. Als dritten Grund nennen sie den „Meet but don't beat" – Effekt. Dabei gehen die Autoren davon aus, dass nach dem Erreichen der Ziele die Motivation, diese zu übertreffen, niedrig ist. Dieser Effekt ist zwar unerwünscht, führt aber trotzdem zu exakteren Zielen. Laut den Autoren spiegeln diese Ziele auch den starken Einfluss der Manager (Hypothese 3B) sowie ihrer Supervisor (Hypothese 3A) wieder. Jeder Supervisor ist für mehrere Manager zuständig, bei welchen er die Höhe der Ziele gleichermaßen beeinflusst. Zwischen den Supervisorn erwarteten die Autoren jedoch unterschiedliche Effekte. Trotz des gleichen Motivationsschemas erwarten die Autoren Unterschiede zwischen den

Managern in der Wirksamkeit der Ziele und ihrer „slack-building" Absicht. Im Allgemeinen versuchen Supervisor hohe und Manager niedrigere Ziele zu erreichen (vgl. Anderson, Dekker, & Sedatole, 2010, S. 94). Der Managereffekt kann laut den Autoren durch folgende drei Zusammenhänge erklärt werden (Hypothese 4). Umso länger der Manager erwartet weiterhin im Unternehmen zu arbeiten (Karrierehorizont), umso niedrigere Ziele strebt er an (Hypothese 4 (i)). Das Erreichen von Zielen stellt einen Faktor für Beförderungen dar und außerdem befürchten sie auf lange Sicht erhöhte Ziele. Als zweites nennen sie die Kentnisse der Manager über die lokalen Begebenheiten (Hypothese 4 (ii)). Durch das Ungleichgewicht der Informationen hat der Manager einen Vorteil gegenüber seines Supervisors und das hat wiederum einen negativen Effekt auf die Höhe der Ziele. Als letzten negativen Einfluss nennen die Autoren die finanzielle Abhängigkeit des Managers von seinem Job (Hypothese 4 (iii)). Durch zielbasierte Bonuspläne wird das Einkommen weniger sicher und kann möglicherweise sinken. Ein Weg für den Manager dies zu verhindern, ist es, die Ziele so weit wie möglich zu senken. Die letzte Hypothese beschreibt den Zusammenhang zwischen der Leistung, die Vorhersagen des letzten Jahres zu erreichen und der Höhe des Ziels. Wurden die Vorhersagen des letzten Jahres durch den Manager erreicht, so kann der Supervisor dies als Richtgröße nutzen, was das Ziel positiv beeinflusst. Abbildung 7 zeigt eine Übersicht aller fünf Hypothesen. (Vgl. für die hier vorgestellten Hypothesen Anderson, Dekker, & Sedatole, 2010 S. 93 ff.)

Hypothese 1		*„Performance-to-goal" steigt nach der Einführung des zielbasierten Bonusplans mit mitbestimmter Zielsetzung.*
Hypothese 2		*Zielgenauigkeit steigt durch die Einführung des Bonusplans.*
Hypothese 3	A.	*Verglichen mit der Vorhersage vor Einführung des Bonusplans, gibt es einen starken Supervisor Effekt auf das Ziel, nach Einführung des Bonusplans.*
	B.	*Verglichen mit der Vorhersage vor Einführung des Bonusplans, gibt es einen starken Manager Effekt auf das Ziel, nach Einführung des Bonusplans.*
Hypothese 4		*Der in Hypothese 3 B genannte Manager Effekt ist teilweise auf Querschnittsunterschiede zwischen den Managern zurückzuführen. Besonders gibt es einen negativen Zusammenhang zwischen:*
	i)	*Karrierehorizont und Höhe des Ziels*
	ii)	*Kenntnis über lokale Bedingungen und Höhe des Ziels*
	iii)	*Finanzielle Abhängigkeit vom Job und Höhe des Ziels*
Hypothese 5		*Das Erreichen der Vorhersagen vor der Einführung des Bonusplans, hat einen starken positiven Einfluss auf die Höhe des Ziels.*

Abbildung 7: Übersicht über die Hypothesen
(Quelle: Anderson, Dekker, & Sedatole, 2010, S. 93 ff.)

Um die Hypothesen zu untersuchen, nutzten die Autoren ein hierarchisches lineares Regressionsmodel nach Bryk und Raudenbush (1992, S. 1 ff.). Dies eignet sich sehr gut, wenn man den untersuchten Zeitraum in zwei Phasen teilen kann. Hierfür wurde die zuvor beschriebene abhängige Variable „Performance-to-Goal" eingeführt. Des Weiteren wurden getrennt gleiche Modelle mit den Verkaufzahlen und dem Verkaufsziel als abhängige Variablen aufgestellt. Um die ersten beiden Hypothesen zu untersuchen, wurde die unabhängige Dummy Variable, welche den Wert 1 annimmt falls der Plan eingeführt wurde, sonst nimmt sie den Wert 0 an. Als Kontrollvariablen nutzten die Autoren Eigenschaften der Läden, Markteigenschaften und den Wechsel der Manager zwischen den Läden (vgl. für diesen Absatz Anderson, Dekker, & Sedatole, 2010, S. 101).

Die Autoren testen mittels eines t-Tests, ob die Mittelwerte der „Performance-to-Goal" vor und nach der Einführung des Plans signifikant voneinander abweichen. Der Koeffizient ist positiv und signifikant (0,48; t = 2,32). Daraus lässt sich schließen, dass die „Performance-to-Goal" im Durchschnitt mit der Einführung des neuen Bonusplans steigt. Schaut man sich jedoch den Zusammenhang zwischen dem Ziel beziehungsweise den Verkaufszahlen und der Einführung des Plans an, so erkennt man einen negativen Zusammenhang, was auf „slack-building" der Manager hinweist. Das Ziel sinkt stärker als die Verkaufszahlen, woraus sich auch die bessere Erfolgsquote beim Erreichen des Ziels erklären lässt. Hypothese 2 (höhere Zielgenauigkeit) belegen die Autoren mit einem Mittelwert der Abweichung vom Ziel, welcher, nach Einführung des neuen Bonusplans, näher an null liegt (-0,08 verglichen mit -0,24 vor der Einführung) und einer signifikant geringeren Standartabweichung (1,4 gegen 1,9) der „Performance-to-Goal". Die höhere Genauigkeit führen die Autoren statistisch auf die genannten Gründe zurück (vgl. für diesen Absatz Anderson, Dekker, & Sedatole, 2010, S. 103).

Um die Hypothesen 3 bis 5 zu untersuchen, führten die Autoren weitere unabhängige Variablen ein: „Performance-to-Goal" das Quartal, sowie das Jahr vor der Einführung des neuen Bonusplans, Karrierehorizont, Kenntnisse über lokale Bedinungen und die Abhänigkeit des Managers von seinem Einkommen durch den Job. Es wurden nur kleine und nicht signifkante Supervisoreffekte auf die Höhe der Ziele (0,02; p>0,10) festgestellt. Jedoch fanden die Autoren einen starken Managereffekt auf die Ziele (0.53; p<0,01). Die selben Tendenzen wurden bei den Verkaufszahlen festgestellt. Hiermit ist die Hypothese 3A widerlegt und die Hypothese 3B bestätigt. Es gibt einen negativen und signifikanten Zusammenhang zwischen dem Karrierehorizont, sowie der lokalen Kenntnisse des Managers und der Höhe des Ziels, was die Hypothesen 4 (i) und (ii) belegt. Jedoch konnte kein signifikanter Effekt durch die Abhängigkeit des Managers von seinem Job auf die Höhe des Ziels festgestellt werde. Es gibt eine signifikante positive Korrelation zwischen der „Performance-to-Goal" des Vorjahres und der Höhe des Ziels, was Hyphotese 5 stützt (vgl. für diesen Absatz Anderson, Dekker, & Sedatole, 2010, S. 103 ff.).

Obwohl die Studie belegt, dass die Einführung des Bonnussystems eine Verschlechterung der Verkaufszahlen mit sich führt, waren die Manager des untersuchten Unternehmens nicht von dem negativen Einfluss überzeugt (vgl. Anderson, Dekker, & Sedatole, 2010, S. 104). Die Studie untersuchte auch nicht den langfristigen Effekt, der durch den Austausch von Informationen zwischen Manager und Supervisor herbeigerufen wird. Der „slack-building Effort" könnte beispielsweise eingegrenzt werden, da den Supervisorn auffällt, dass die Ziele in den meisten Fällen erreicht werden. Auch die Zufriedenheit der Mitarbeiter und deren Effekte wurden außer Acht gelassen.

3.3 Selbstgewählte Ziele

Ein weiterer Ansatz besteht darin, Mitarbeitern die Wahl der Ziele selbst zu überlassen. Entweder kann der Vorgesetzte dem Mitarbeiter eine Auswahl an Zielen mit unterschiedlichen Schwierigkeitsgraden vorlegen (vgl. Webb, Jeffrey, & Schulz, 2010, S. 209 ff.) oder dem Mitarbeiter die freie Wahl lassen (vgl. Goerg & Kube, 2012, S. 1 ff.; Herranz-Zarzoso & Sabater-Grande, 2018, S. 34 ff.).

Herranz-Zarzoso und Sabater-Grande (2018, 34 ff.) untersuchten die Frage, inwieweit verschiedene finanzielle Anreize, gepaart mit selbstgewählten Noten-Zielen, die Leistung von Studenten beeinflusst. Man könnte argumentieren, dies sei für diese Arbeit irrelevant, allerdings hat der Lernprozess eines Studenten mehr gemeinsam mit der Arbeitswelt, als man annehmen würde. Hier sind Eigenschaften wie Kreativität, Eigeninitiative, Beharrlichkeit und kognitive Fähigkeiten ein wichtiger Bestandteil (vgl. Zhang, 2000, S. 37 ff.). Auch in der Arbeitswelt werden oft Lernziele formuliert, welche diese Eigenschaften fördern sollen (vgl.Seijts & Latham, 2005, S. 124 ff.; Bhargava & Pradhan, 2018,

S. 90 ff.). Herranz-Razoso und Sabater-Grande legten ihren Fokus auf die Effektivität verschiedener finanzieller Anreizsysteme (vgl. Herranz-Zarzoso & Sabater-Grande, 2018, S. 37). Als Grundlage für diese Anreize wurden selbst gewählte Ziele genutzt und daher eignet sich diese Studie optimal, um die Wirksamkeit dieser zu analysieren.

Das Experiment wurde an einer spanischen Universität in dem Kurs „Einführung in die Mikroökonomie" durchgeführt (Herranz-Zarzoso & Sabater-Grande, 2018, S. 37). Die Probanden wurden in zwei Gruppen unterteilt. Studenten, die den Kurs wiederholen mussten, wurden als weniger leistungsfähig und die, welche den Kurs zum ersten Mal belegten, als leistungsfähig eingestuft (Herranz-Zarzoso & Sabater-Grande, 2018, S. 36). Die Autoren stellten zwei Hypothesen auf. Jedoch ist für diese Arbeit nur Hypothese 1 von Interesse. Die Autoren erwarteten, dass auf selbstgewählten Zielen basierende, finanzielle Anreize die Leistung der Studenten beider Gruppen verbessert (vgl. Herranz-Zarzoso & Sabater-Grande, 2018, S. 37). Um diese zu überprüfen, teilten sie die Probanden zufällig einem von drei Treatments zu. Treatment 1 war eine Kontrollgruppe, in welcher die Studenten weder finanzielle Anreize erhielten, noch konkret Ziele festlegten. In Treatment 2 und 3 mussten die Studenten ein Ziel B formulieren, nach dem sich die Höhe des Bonus R richtet. Der Bonus hing auch von der Durchschnittsnote des Kurses AG ab und wurde folgendermaßen berechnet:

$$R = \left(B - \left[\frac{AG}{2} \right] \right)^2 \ \forall \ G \geq B$$

In Treatment 2 wurde der Bonus ausgezahlt, falls die Probanden ihre Zielnote erreichten. In Treatment 3 hingegen wurde der Bonus R jeweils nur an die drei besten Studenten der beiden Gruppen ausgezahlt. Studenten, die kein Interesse an der Teilnahme äußerten, wurden einer weiteren Kontrollgruppe Treatment 0 zugeordnet (vgl. für die Beschreibung der einzelnen Treatments Herranz-Zarzoso & Sabater-Grande, 2018, S. 37 f.).

Bei der Betrachtung der Wahl der Ziele ist auffällig, dass diese deutlich höher gewählt wurden, als die durchschnittlichen Noten bei den sogenannten „Midtermexams" (siehe Tabelle 4 und Tabelle 5). Dabei handelt es sich um Klausuren, welche am Ende des ersten Halbjahres stattfinden. Dies kann auf eine geringere Relavanz der „Midtermexams" zurückgeführt werden. Da die Noten der Abschlussklausur sich jedoch eher verschlechterten im Vergleich zu den durchschnittlichen Noten in den „Midtermexams" (siehe Tabelle 46), könnte es auch darauf hinweisen, dass die Studenten von sich erwarten, durch die Anreize und Zielsetzung mehr Anstrengung aufzubringen und dadurch mit besseren Noten rechnen. Leider wird dies in der Studie von den Autoren nicht thematisiert (vgl. für diesen Absatz Herranz-Zarzoso & Sabater-Grande, 2018, S. 39 ff.).

Neue Studenten in Treatment 2 schnitten im Durchschnitt über 48% und in Treatment 3 über 46% besser ab, als die Studenten in der Kontrollgruppe (siehe Tabelle 6). Auch die wiederholenden Studenten verbesserten sich im Durchschnitt deutlich zu den Studenten ihrer Kontrollgruppe (siehe Tabelle 6). Diese Unterschiede sind signifikant (t-Test, p-Wert: 0,027 für Treatment 2 und 0,012 für Treatment 3). Hieraus lässt sich schließen, dass die selbstgewählten Ziele bei beiden finanziellen Anreizsystemen die Leistung der Studenten verbesserten. Außerdem wurden die Zusammenhänge auch in einem Linearen Regressionsmodell (Methode der kleinsten Quadrate) getestet. Im ersten Modell wird das Ziel als abhängige Variable betrachtet. Das Modell verdeutlicht, dass es einen signifikant negativen Einfluss auf die Höhe des Ziels hatte, wenn der Proband den Kurs wiederholte. Auch weibliche Probanden wählten eher niedrigere Ziele. Treatment 3 hatte einen signifikant höheren positiven Einfluss, als Treatment 2 (siehe Tabelle 7). Im zweiten Regressionsmodell wurde die erreichte Note als abhängige Variable gewählt. Hier wurde der postive signifikante Effekt der zielbasierten Bonussysteme bestätigt. Treatment 3 hatte hier einen stärkeren Einfluss als Treatment 2. Studenten, welche wiederholten, hatten eine signifikant höhere Verbesserung (siehe Tabelle 8). Auffällig ist auch, dass kein signifikanter Unterschied zwischen den Geschlechtern zu erkennen ist (siehe Tabelle 8) (vgl. für diesen Absatz Herranz-Zarzoso & Sabater-Grande, 2018, S. 39).

Diese Studie zeigt eindeutig, dass selbstgewählte Ziele bei Studenten zu besseren Leistungen führen können. Es ist jedoch wichtig, bestimmte Gesichtspunkte zu beachten. Zwar deuten manche Studien daraufhin, dass selbst die Möglichkeit, Ziele zu wählen, zu einer Leistungssteigerung führen kann (vgl. Kaur, Kremer, & Mullainathan, 2010, S. 626). Jedoch ist es trotzdem wichtig den Mitarbeitern einen Anreiz zu geben, Ziele so genau wie möglich zu wählen. Gibt es keine Anreize, so besteht die Gefahr, dass Mitarbeiter ihre Ziele tendenziell zu hoch wählen (vgl. Goerg & Kube, 2012, S. 16 f.). Ein weiterer wichtiger Aspekt ist der Geschlechterunterschied. Auch andere Studien sind zu dem Ergebnis gelangt, dass Frauen niedrigere Ziele wählen und Männer eher engagiertere Ziele wählen (vgl. Dalton, Gonzalez, & Noussair, 2016, S. 1 ff.; Niederle & Vesterlund, 2007, S. 1067 ff.). Ein Grund hierfür könnte beispielsweise die niedrigere Risikobereitschaft von Frauen darstellen (vgl. Croson & Gneezy, 2009, S. 448 ff.). Dies führt dazu, dass selbstgewählte Ziele in bestimmten Situationen und bei bestimmten Rahmenbedingungen nur für Männer einen signifikante Verbesserung der Leistung mit sich bringt (vgl. Dalton, Gonzalez, & Noussair, 2016, S. 1 ff.). Jedoch wurde in anderen Studien kein signifikanter Unterschied in der Leistung gemessen (vgl. Niederle & Vesterlund, 2007, S. 1067 ff.; Herranz-Zarzoso & Sabater-Grande, 2018, S. 34 ff.). Es besteht hier weiterer Forschungsbedarf, um die Geschlechts-Unterschiede zu untersuchen. Besonders interessant wäre hier die Betrachtung über mehrere Perioden, um zu untersuchen, ob die niedrigeren Ziele auf lange Sicht niedrigere Leistungen mit sich bringen.

Die Bindung zu den Zielen und die damit verbundene Akzeptanz sind ein wichtiger Faktor für ihre Effizienz (vgl. Chong & Chong, 2002, S. 65 ff.) und die Motivation der Mitarbeiter (vgl. Hsiaw, 2013, S. 601 ff.). Dies legt nahe, dass selbstgewählte Ziele zu einer maximalen Leistungssteigerung führen müssten. In den folgenden Kapiteln werden die unterschiedlichen Zielsetzungsprozesse direkt miteinander verglichen.

3.4 Vergleich von exogenen und selbstgewählten Zielen

Da es wenige Studien gibt, welche extern gegebene Ziele mit selbstgewählten Zielen vergleichen, entwickelten Georg und Kube (2012, S. 1 ff.) ein Feldexperiment, bei dem sie genau das machten. Sie wollten den Zusammenhang zwischen den Zielsetzungsprozessen, finanziellen Anreizen und den damit verbundenen Leistungsveränderungen untersuchen.

Die Grundlage für die Aufgabe, die Georg und Kube ihren Probanden gaben, bildete die Umstrukturierung einer großen Bibliothek eines deutschen Forschungsinstituts. Dabei musste jedes Buch einzeln gesucht und an einen neuen Platz gebracht werden. Die Probanden welche sich online für das Experiment bewerben konnten, wurden zufällig ausgewählt und anschließend einzeln eingeladen. Dadurch konnten die Autoren Gruppeneffekte ausschließen (vgl. Georg & Kube, 2012, S. 6). Die eigentliche Aufgabe kann in drei Schritte unterteilt werden. Als erstes musste das entsprechende Buch in den Regalen gefunden werden. Danach musste die ID des Buches an einer Station gescannt werden und als Letztes wurde das Buch auf einen Wagen gelegt. Diesen Vorgang wiederholten die Probanden für drei Stunden (vgl. für den in diesem Absatz erläuterten Aufbau des Experiments Georg & Kube, 2012, S. 6 ff).

Bevor mit dem eigentlichen Experiment angefangen wurde, mussten die Probanden zwei Bücher als Probelauf suchen und scannen. Damit konnten sie den Zeitaufwand pro Buch besser abschätzen. Erst danach wurden die einzelnen Bezahlungssysteme bekannt gegeben. Alle Gruppen bekamen ein Festgehalt von 22 Euro. Zusätzlich wurde die Kontrollgruppe nach Provision bezahlt. Pro abgelegtem Buch erhielten sie 10 Cent. In dieser Gruppe wurden Ziele nicht thematisiert. Ergänzend wurden hingegen bei dem „Belief"-Treatment die Probanden nach ihrem persönlichen Ziel gefragt. Dieses wurde bei allen Gruppen mit Zielsetzung auf einem Stück Papier an den Bildschirm der Arbeitsstation geheftet. Hier konnte man auch zu jeder Zeit sehen, wie viele Bücher sie schon gescannt hatten. Bei der „Goal"-Gruppe wurde die Bezahlung wie auch schon in Kapitel 3.3 nach der Höhe des Ziels gerichtet. Erreichten die Probanden ihr Ziel g, so erhielten $0{,}1*g$ Euro als Bonus. Des Weiteren gab es noch zwei Gruppen denen die Ziele exogen gegeben wurden. Die Gruppe „Exo50" bekam ein niedriges Ziel z von 50 und die Gruppe „Exo100" bekam ein durchschnittliches Ziel von 100 Büchern (der Durchschnitt lag bei 102 Büchern pro Proband (siehe Tabelle 9 im

Anhang). Das niedrige Ziel von 50 Büchern pro Proband war für jeden zu erreichen, da die niedrigste Anzahl an gescannten Büchern bei 52 lag. Auch hier wurde nach der Höhe des Ziels bezahlt. Die Probanden bekamen beim Erreichen des Ziels z einen Bonus von 0,10*z Euro (vgl. für den in diesem Absatz erläuterten Aufbau des Experiments Georg & Kube, 2012, S. 6 ff).

Kontrollgruppe: Zielsetzung nicht thematisiert. Provision von 10 Cent pro Buch

Belief-Gruppe: Selbstgewähltes Ziel. Provision unabhängig vom Ziel 10 Cent pro Buch

Goal-Gruppe: Selbstgewähltes Ziel, Bonuszahlung, bei Erreichen des Ziels, abhängig von der Höhe des Ziels

Exo50: Vorgegebenes Ziel von 50 Büchern pro Proband. Bonuszahlung von 5 Euro, bei Erreichen des Ziels

Exo100: Vorgegebenes Ziel von 100 Büchern pro Proband. Bonuszahlung von 10 Euro, bei Erreichen des Ziels

Abbildung 8: Übersicht der einzelnen Treatments
(Quelle: George & Kube, 2012, S. 6 ff.)

Tabelle 9 (siehe Anhang) zeigt die durchschnittliche Anzahl der gescannten Bücher in den einzelnen Gruppen. Hier ist deutlich der positive Einfluss durch Zielsetzung zu erkennen. Die Probanden der „Goal" und der „Belief" Gruppen scannten durchschnittlich über 14% mehr als die der Kontrollgruppe. Die Signifikanz dieses und auch der folgenden Ergebnisse wurden mit dem zweiseitigen Wilcoxon-Vorzeichen-Rang Test nachgewiesen. Dabei werden abhängige Stichproben und die Differenzen verglichen und Aussagen über deren Tendenzen getroffen. Die Autoren konnten außerdem feststellen, dass der finanzielle Anreiz keinerlei signifikanter Unterschiede in der Anzahl der gescannten Bücher mit sich brachte (vgl. für die, in diesem Absatz vorgestellten, Ergebnisse Georg & Kube, 2012, S. 11).

Eine weitere, besonders für dieses Kapitel bedeutende, Erkenntnis ist, dass auch durch exogene Ziele der Output signifikant stieg. Jedoch lediglich, falls die Wahl der Ziele korrekt war. Bei zu niedrigen Zielen sinkt die Anzahl der gescannten Bücher sogar signifikant um 10% verglichen mit der Kontrollgruppe und um 24% mit den Gruppen der selbstgewählten Ziele. Allerdings konnte kein signifikanter Unterschied zwischen der Gruppe „Exo100" und den selbstgewählten Zielen festgestellt werden (vgl. für diesen Absatz Georg & Kube, 2012, S. 13 f.).

Um die genannten Ergebnisse weiter zu untersuchen, stellten die Autoren die Zusammenhänge in einem Linearen Regressionsmodell (Methode der kleinsten Quadrate) mit der abhängigen Variable Leistung, gemessen in der Anzahl der gescannten Büchern, dar (siehe Tabelle 10 im Anhang). In Modell 1 wurden lediglich die verschiedenen Treatments als unabhängige Variablen betrachtet. Die vorher genannten Ergebnisse wurden hier eindeutig bestätigt. Selbstgewählte und anspruchsvolle, aber erreichbare exogene Ziele führten zu einer Leistungssteigerung. Auch der signifikant negative Koeffizient für zu niedrig exogen gegebene Ziele unterstreicht die Bedeutung der richtigen Wahl der Ziele. In Modell 2 wurde eine weitere abhängige Variable Fähigkeit eingeführt, welche durch die Zeit gemessen wurde, welche die Probanden bei dem Probelauf benötigten. Diese spielte eine starke signifikante Rolle für die Leistung, erklärte jedoch nicht die Leistungssteigerung durch Zielsetzung. Im letzten Modell 3 wurden weitere Kontrollvariablen, wie Geschlecht, Alter, Uhrzeit und eine dummy Variable für Probanden, die mehrere Bücher auf einem Weg einsammeln, eingeführt. Dies führte aber nicht zu einer Veränderung in den Ergebnissen für die bereits erläuterten Ergebnisse (vgl. für diesen Absatz Georg & Kube, 2012, S. 14 f.).

Die unterschiedlichen Belohnungssysteme haben zwar keinen Einfluss auf die Leistung der Probanden, dennoch auf die Höhe der Ziele. Führt das Nichterreichen der Ziele zu keinerlei finanziellen Nachteilen, so werden die Ziele sehr viel höher gewählt. Das hat zur Folge, dass lediglich 32% der Probanden der „Belief"-Gruppe ihre Ziele erreichten. In der „Goal"-Gruppe waren es immerhin 64%, was allerdings noch weit unter den 80% der „Exo100"-Gruppe liegt (vgl. für die vorgestellten Ergebnisse Georg & Kube, 2012, S. 17). Auch andere Studien stellten diesen Zusammenhang fest (vgl. Webb, Jeffrey, & Schulz, 2010, S. 219 ff.). Hier besteht weiterer Forschungsbedarf, um herauszufinden welche langfristigen Folgen dies für zukünftig gewählte Ziele und den damit zusammenhängenden Leistungen mit sich bringt. Da die Aufgabe in der Studie von Georg und Kube nur einmal durchgeführt wurde, kann darüber keine Aussage getroffen werden. Die schlechte Erfolgsrate könnte beispielsweise in einer schlechteren Leistung resultieren (vgl. Buser, 2016, S. 3439 ff.), aber auch an einer Anpassung der Ziele (vgl. Falk & Knell, 2004, S. 417 ff.; Webb, Jeffrey, & Schulz, 2010, S. 225).

Obwohl keine signifikanten Unterschiede in der Leistung zwischen korrekt ge-wählten exogenen und selbst gewählten Zielen nachgewiesen wurden (vgl. Georg & Kube, 2012, S. 13), können einige Erkenntnisse aus dieser Studie gezo-gen werden. Die signifikant höhere Varianz (vgl. Georg & Kube, 2012, S. 15) bei selbstgewählten Zielen kann ein durchaus beabsichtigter Effekt sein. Durch exo-gen gewählte Ziele verschwindet die Individualität der einzelnen Probanden und somit auch herausragende Leistungen Einzelner. Zwar ist die minimal An-zahl an gescannter Bücher bei den selbstgewählten Zielen niedriger als, bei den exogen bestimmten, aber die maximal erreichte Anzahl an gescannten Büchern liegt über 25 % höher bei selbstgewählten Zielen (siehe Tabelle 9 im Anhang). Das ist vor allem auf den Effekt zurückzuführen, dass nach dem Erreichen der Ziele die Produktivität sinkt (vgl. Georg & Kube, 2012, S. 21). Hier wird das Problem exogener Ziele deutlich. Es ist schwer für einen Vorgesetzten, unterschiedlich hohe Ziele vor seinen Mitarbeitern zu rechtfertigen. Mitarbeiter, welche niedrige Ziele erhalten, könnten sich nicht wertgeschätzt fühlen und Mitarbeiter, die hohe Ziele bekommen, könnten dies als unfair empfinden. Dieser Effekt wird durch selbstgewählte Ziele vollkommen aufgehoben.

Webb, Jeffrey und Schulz (2010, S. 209 ff.) untersuchten in einer Feldstudie in einem Call Center die Folgen einer Umstellung von vorgegebenen zu selbstgewählten Zielen. Sie konnten im auf die Umstellung folgenden Monat eine signifikante Verbesserung der Leistung feststellen. Hier wurde den Mitarbeitern jedoch nicht die vollkommene freie Wahl der Ziele gelassen, sondern diese konnten zwischen drei Schwierigkeitsgraden wählen.

Ein weiterer großer Vorteil selbstgewählter Ziele besteht darin, dass Mitarbeiter wenig Interesse daran haben, persönliche Informationen über ihre Fähigkeiten und Fertigkeiten zurückzuhalten. Dadurch wird der Interessenkonflikt zwischen Partizipant und Agent (siehe Kapitel 2.2) verringert (vgl. Dalton, Gonzalez, & Noussair, 2016, S. 19).

3.5 Vergleich von exogenen und mitbestimmten Zielen

In vielen Situationen ist es nicht möglich, die Mitarbeiter vollkommen selbst ihre Ziele wählen zu lassen. Daher ist es interessant, exogen gegebene Ziele mit Systemen zu vergleichen, bei denen die Mitarbeiter ein Mitspracherecht haben.

Wie schon in Kapitel 3.2 erwähnt, ist die Verbundenheit mit und die Verpflichtung gegenüber den Zielen ein ausschlaggebender Faktor für ihren Erfolg (vgl. Locke, Latham, & Erez, The determinants of goal commitment., 1988, S. 23 ff.; Chong, & Chong, 2002, S. 65 ff.). Zielbindung wird als „Verbundenheit mit dem Ziel oder Entschlossenheit das Ziel zu erreichen" (übersetzt aus Locke & Latham, 1990, S. 125) oder „Bereitschaft, Anstrengung aufzuwenden, um das Ziel zu erreichen" (übersetzt aus Renn, Danehower, Swiercz, & Icenogle, 1999, S. 108) definiert.

Um nachzuweisen, dass Zielbindung tatsächlich zu besseren Leistungen führt, befragten Chong und Chong (2002, S. 65ff.) 120 Manager aus 80 produzierenden Unternehmen. Anhand eines Fragebogens werteten die Autoren die Aspekte: Grad der Mitbestimmung bei Entscheidungen, relevanter Informationsaustausch, Zielbindung und Leistung aus (vgl. Chong, & Chong, 2002, S. 70 f.). Sie fanden einen positiven und signifikanten Zusammenhang zwischen Zielbindung und dem Austausch und Sammeln von Informationen, welche für die Arbeit relevant sind. Das führte wiederum signifikant zu einer Leistungssteigerung der Mitarbeiter (vgl. Chong, & Chong, 2002, S. 77). Es wurde auch ein signifikant positiver Einfluss von Mitbestimmungsgrad auf die Zielbindung beobachtet.

Diesen Zusammenhang untersuchten Sholihin, Pike, Mangena, & Jing (2011, S. 135 ff.) näher in einem britischen Finanzunternehmen. Ziel ihrer Studie war es zu untersuchen, ob Mitbestimmung bei Zielsetzungsprozessen einen Einfluss auf die Zielbindung hat. Dabei wurden finanzielle und nicht-finanzielle Ziele untersucht (vgl. Sholihin, Pike, Mangena, & Jing, 2011, S. 136). Außerdem prüften die Autoren, worauf dieser Einfluss zurückzuführen war (vgl. Sholihin, Pike, Mangena, & Jing, 2011, S. 135 ff.). Daraus ergibt sich die erste Hypothese. In dieser gehen die Autoren von einem positiven Einfluss von Mitbestimmung auf die Zielbindung aus (vgl. Sholihin, Pike, Mangena, & Jing, 2011, S. 137). Im nächsten Schritt betrachteten die Autoren die Fairness der Prozesse im Unternehmen. Die Autoren kombinierten zwei Definitionen von

Prozessfairness, um die untersuchten Aspekte in den Finanzunternehmen zu erläutern (vgl. Sholihin, Pike, Mangena, & Jing, 2011, S. 138). In der ersten Definition wurde Prozessfairness als die empfundene Fairness der sozialen Norm welche festlegt, wie Entscheidungen getroffen werden und wie Individuen von Vorgesetzten und Anderen beschrieben werden (vgl. Lind & Tyler, 1988, S. 29 ff.). Die zweite Definition bezog sich konkret auf Unternehmen. Diese formulierten die Autoren als die wahrgenommene Fairness aller Aspekte im Unternehmen, die mit den Prozessen der Vorgesetzten zusammenhängen, ihre Mitarbeiter zu bewerten, ihnen Feedback zu geben und ihre Boni und Lohnerhöhungen festzulegen (vgl. Sholihin, Pike, Mangena, & Jing, 2011, S. 138). Die Autoren erwarteten einen positiven Zusammenhang zwischen Mitbestimmung und Prozessfairness (Hypothese 2) (vgl. Sholihin, Pike, Mangena, & Jing, 2011, S. 139). Verschiedene Studien konnten zuvor bereits einen positiven Zusammenhang zwischen Prozessfairness und Verbundenheit feststellen (vgl. Lind & Tyler, 1988, S. 1 ff.; Colquitt, Conlon, Wesson, Porter, & Ng, 2001, S. 425 ff.). Darum erwarteten auch Sholihin et al. einen positiven Zusammenhang zwischen Prozessfairness und Zielbindung (Hypothese 3) (vgl. Sholihin, Pike, Mangena, & Jing, 2011, S. 139).

Ein weiterer wichtiger Faktor stellt laut den Autoren das zwischenmenschliche Vertrauen dar. Dies verstehen die Autoren, wie von Read definiert: „Vertrauen oder Sicherheit der Mitarbeiter bezüglich der Motive und Absichten des Vorgesetzten, mit Respekt gegenüber Karierre und Status der Mitarbeiter in dem Unternehmen" (vgl. Read, 1962, S.8). Die Autoren erwarteten einen positiven Einfluss von Mitbestimmung auf das Vertrauen der Mitarbeiter (Hypothese 4) (vgl. Sholihin, Pike, Mangena, & Jing, 2011, S. 139). Dieses Vertrauen sollte wiederum einen positiven Einfluss auf Zielbindung haben (Hypothese 5) (vgl. Sholihin, Pike, Mangena, & Jing, 2011, S. 140). Als Letztes untersuchten die Autoren die Beziehung zwischen Prozessfairness und Vertrauen und erwarteten einen positiven Zusammenhang (Hypothese 6) (vgl. Sholihin, Pike, Mangena, & Jing, 2011, S. 140). Abbildung 9 zeigt eine Übersicht der in den Hypothesen formulierten Zusammenhänge.

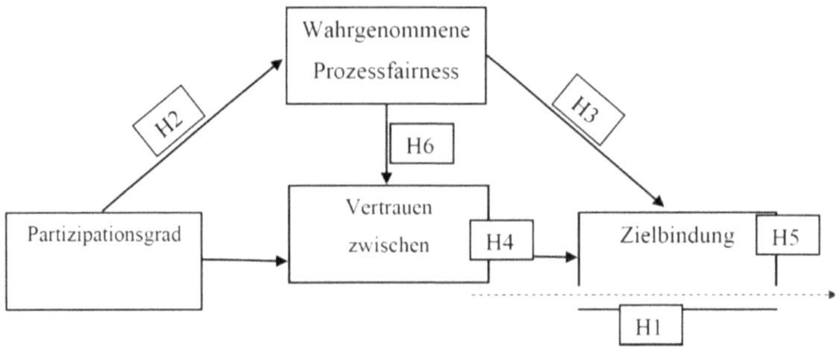

Abbildung 9: Zusammenhänge zwischen Partizipationsgrad, wahrgenommene Prozess-fairness, Vertrauen zwischen den Mitarbeitern und Zielbindung, welche laut den Hypo-thesen (H1 bis H6) bestehen
(Quelle: Sholihin, Pike, Mangena, & Jing, 2011, S. 137)

Ihre Hypothesen testeten die Autoren in einem großen Unternehmen in der Finanzbranche in England. Sie war sehr gut für diese Studie geeignet, da die Senior Manager schon länger ernsthaft versuchten, ein effektives Leistungskontroll-, Beurteilungs- und Belohnungssystem einzuführen. Die Autoren sendeten 102 Fragebögen an Manager des niedrigeren und mittleren Managments und erhielten 54, welche sie auswerteten konnten. Alle Manager mussten an den letzten Leistungsbeurteilungen, welche vor der Studie stattfanden, teilgenommen haben (vgl. Sholihin, Pike, Mangena, & Jing, 2011, S. 139 f.).

Basierend auf verschiedenen Studien der einzelnen Gebiete der untersuchten Faktoren, entwarfen die Autoren einen Fragebogen mit 10 Aussagen. Bezüglich dieser mussten die Manager ihre Zustimmung auf einer 7-Punkte Likert Skala (vgl. Likert, 1932, S. 5 ff.) bewerten (vgl. Sholihin, Pike, Mangena, & Jing, 2011, S. 140). Tabelle 11 (siehe Anhang) zeigt, dass der Durchschnitt der Manager eine hohe Zielbindung (5,91) hatte und die Prozesse als fair beurteilten. Das Vertrauen und die Mitbestimmung bei der Zielsetzung wurden hingegen niedriger eingestuft.

Um nun die Hypothesen zu testen, nutzten die Autoren die partiell-kleinste-Quadrate-Methode (PLS). Dies bot sich an, da die Anzahl der Teilnehmer vergleichsweise klein war und sie es ihnen ermöglichte, die Multikollinearität der unabhängige Variablen in ihrem Regressionsmodell zu betrachten (vgl. Sholihin, Pike, Mangena, & Jing, 2011, S. 140). Durch eine von den Autoren durchgeführte Diskriminanzvaliditätsanalyse wurde nicht nur die Verlässlichkeit und Gültigkeit des Modells gezeigt, sondern auch eine signifikante Korrelation zwischen Partizipation, Zielbindung, Vertrauen und Prozessfairness festgestellt (vgl. Sholihin, Pike, Mangena, & Jing, 2011, S. 141). Dies legt nahe, dass Partizipation diese Faktoren stark beeinflusst. Mit dem Strukturgleichungsmodell untersuchten die Autoren ihre Hypothesen. Auch der Frage, ob die beobachteten Effekt direkter oder indirekter Natur waren, gingen die Autoren auf den Grund. Hierfür führten sie eine schrittweise Betrachtung durch. Die Ergebnisse sind in Tabelle 12 (siehe Anhang) festgehalten.

Um Hypothese 1 zu testen, wurde lediglich der Zusammenhang zwischen Partizipation und Zielbindung untersucht, ohne andere Faktoren zu betrachten. Hier wurde ein signifikant positiver Zusammenhang festgestellt (0,413; p<0,01), womit Hypothese 1 bestätigt ist. Im zweiten Schritt wurde die Variable Vertrauen in das Modell einbezogen. Hier wurde ein signifikant positiver Zusammenhang zwischen Partizipation und Vertrauen festgestellt (0,449; p<0,01), sowie zwischen Vertrauen und Zielbindung (0,178; p<0,01). Jedoch bleibt die Korrelation zwischen Partizipation und Zielbindung weiterhin signifikant. Dies deutet darauf hin, dass die höhere Zielbindung durch Partizipation nur teilweise durch das daraus resultierende höhere Vertrauen zwischen den Mitarbeitern und ihren Vorgesetzten zu erklären ist. Daher wurde im letzten Schritt die Variable Prozessfairness in das Modell aufgenommen. Partizipation und Prozessfairness haben einen positiven signifikanten Zusammenhang (0,563; p<0,01). Auch zwischen Prozessfairness und Zielbindung ist ein signifikanter Einfluss zu beobachten (0,424; p<0,05). Dies bestätigt Hypothesen 1 und 2. Eine weitere wichtige Erkenntnis stellt die Tatsache dar, dass kein signifikanter Zusammenhang zwischen Vertrauen und Zielbindung mehr festzustellen ist. Der positive Einfluss von Partizipation auf das Vertrauen ist zwar weiterhin signifikant, aber das Modell legt nahe, dass dies keine Folgen für die Zielbindung hat. Dies bestätigt zwar Hypothese 4, widerlegt jedoch Hypothese 5. Auch Hypothese 6 konnte bestätigt werden, da eine positive und signifikante Korrelation zwischen Vertrauen und wahrgenommener Prozessfairness festzustellen war (0,334; p<0,05). Mit der Einführung dieser zwei Variablen ist auch der direkte Einfluss von Partizipation auf die Zielbindung nicht mehr signifikant. Dies spricht dafür, dass der positive Einfluss von Partizipation auf die Zielbindung vollständig durch ein höheres

Vertrauen und eine bessere wahrgenommene Prozessfairness erklärbar ist (vgl. für den in diesem Absatz erläuterten Ergebnisse Sholihin, Pike, Mangena, & Jing, 2011, S. 142 ff.).

Zwar wurde diese Untersuchung in einem sehr eingeschränkten Feld und mit einer kleinen Anzahl an Probanden durchgeführt, jedoch wird der positive Zusammenhang von Partizipation und Zielbindung auch in anderen Studien beobachtet (vgl. Chong & Chong, 2002, S. 65 ff.; Wentzel, 2002, S. 247 ff.; Groen, 2018, S. 207 ff.).

Wie in Kapitel 2.4 erläutert, hängen auch Kontrollmechanismen eng mit Zielsetzung in Unternehmen zusammen. Auch bei der Einführung dieser können Mitarbeiter beteiligt werden. Groen, Wouters und Wilderom untersuchten den Effekt der Mitbestimmung bei der Einführung eines Kontrollsystems in einem Unternehmen. Sie kamen zu dem Ergebnis, dass die Einstellung, der wahrgenommene soziale Druck der Mitarbeiter und die wahrgenommene Möglichkeit, Initiative ergreifen zu können, gesteigert wurden. Dies führte auch zu einer Leistungssteigerung (vgl. Groen, Wouters, & Celeste, 2012, S. 120 ff.).

All diese Ergebnisse deuten darauf hin, dass eine Partizipation der Mitarbeiter, verglichen mit exogener Zielsetzung, einen positiven Effekt auf die Leistung haben kann.

3.6 Vergleich von selbstgewählten mit mitbestimmten Ziele

Es bietet sich auch an, die verschiedenen Grade von Partizipation miteinander zu vergleichen. Hierzu führten van Lent und Souverijn (2017, S. 1 ff.) eine Studie an einer Universität in den Niederlanden durch. Ihr Ziel war es, den Effekt von selbstgewählten Zielen mit Zielen zu vergleichen, bei denen Tutoren Einfluss auf die Zielsetzung der Studenten ausübten (vgl. van Lent & Souverijn, 2017, S. 1 ff.).

Die Autoren wählten diese spezielle Universität, da es dort Tutorenprogramm für Erstsemester Studenten gab. Im Zuge dessen hatten Studenten aus höheren Semestern regelmäßige Treffen mit den neuen Studenten, um diese zu beraten. Die Feldstudie wurde mit 1092 Studenten durchgeführt und das Experiment wurde bei dem zweiten der drei Treffen mit den Mentoren durchgeführt. Die Tutoren wurden im „goal"-Treatment dazu aufgefordert, die Studenten zu fragen, ob diese sich ein Ziel für die Note gesetzte hätten und falls nicht, ob sie das möchten. Dabei hoben sie die Vorteile von Zielen für die Motivation hervor. Bei dem zweiten Treatment, dem „raise"-Treatment, wurden die Tutoren zusätzlich aufgefordert, die Studenten zu Erhöhung der Ziel-Note um einen Notenpunkt auf einer Skala von eins bis zehn zu motivieren bzw. zu drängen (vgl. für den in diesem Absatz vorgestellten Aufbau vgl. van Lent & Souverijn, 2017, S. 2 f.). Die Autoren wählten die Endnote als Ziel, da diese leicht messbar ist und sie der Meinung sind, diese sei der Hauptmotivator zum Lernen (vgl. van Lent & Souverijn, 2017, S. 8). Jedoch deuten andere Studien mit Studenten darauf hin, dass Notenziele weniger effektiv sind, als beispielsweise eine bestimmte Anzahl an bearbeiteter Übungsaufgaben, die sie sich als Ziel setzten (vgl. Clark, Gill, Prowse, & Rush, 2017, S. 1 ff.). Insgesamt wurden 52 der 84 Mentoren dazu aufgefordert, ihren Studenten Zielsetzung nahezulegen. Diese wurden zufällig den Treatments zugeordnet und führten diese mit allen 10 bis 15 Studenten, für die sie zuständig waren, durch. Insgesamt umfasste das Experiment 1092 Studenten. Diese wussten nicht, dass sie an einer Studie teilnahmen (vgl. van Lent & Souverijn, 2017, S. 8 ff.).

Basierend auf einem theoretischen Modell tätigten die Autoren zwei Vorhersagen. Zum einen gingen sie von einer allgemeinen Verbesserung der Leistung der Studenten aus. Zum andern erwarteten sie eine höhere Verbesserung, falls die Studenten zu höheren Zielen motiviert worden sind (vgl. van Lent & Souverijn, 2017, S. 13).

Die Autoren führten eine Intention-to-treat-Analyse durch, was bedeutet, dass alle Studenten in die Betrachtung eines Treatments einbezogen wurden, welche diesem zugeordnet wurden. Dabei spielt es keine Rolle, ob Studenten des Kontroll-Treatments selbst Ziele festlegten und diese mit den Mentoren besprachen. Es wurden zum Beispiel aus persönlichen Gründen auch nicht bei allen Studenten der Zielsetzungs-Treatments tatsächlich Ziele besprochen und festgelegt. Daher sind diese Ergebnisse möglicherweise verzerrt. Außerdem entwickelten sie ein Regressionsmodell für den durchschnittlichen Behandlungseffekt (LATE), bei dem einbezogen wurde, ob Studenten sich tatsächlich Ziele setzten (vgl. für diesen Absatz van Lent & Souverijn, 2017, S. 14 f.).

Um die Ergebnisse besser interpretieren zu können, wurden Studenten, welche den Kurs nicht beendeten, aus dem Modell herausgenommen. Bei der Betrachtung aller verbleibenden Studenten stellten die Autoren einen leicht signifikanten (p<0,1) positiven Effekt durch das „goal"-Treatment fest. Das „raise"-Treatment hingegen hatte keinen signifikanten Einfluss auf die Leistung der Studenten. Dies deutet darauf hin, dass der positive Einfluss von Zielsetzung durch das Drängen zu höheren Zielen verschwindet. Es ist auch auffällig, dass der positive Effekt nur signifikant bei weiblichen Studenten war. Unterscheidet man zwischen internationalen und niederländischen Studenten, war auch hier nur bei den niederländischen Studenten ein signifikanter Unterschied (vgl. für diesen Abschnitt van Lent & Souverijn, 2017, S. 21). Dies unterstützt wiederum die Aussage, dass Noten als Ziel lediglich bei einer begrenzten Gruppe effektiv sind (vgl. Clark, Gill, Prowse, & Rush, 2017, S. 1 ff.).

In dem zweiten Modell untersuchten die Autoren lediglich die Daten der Studenten, welche tatsächlich Ziele festlegten. Diese Betrachtung ist jedoch mit Vorsicht zu behandeln, da hier Selektionseffekte eine Rolle spielen. Man kann annehmen, dass Studenten, bei denen die Mentoren der Meinung waren, Zielsetzung hätte eine positive Wirkung auf die Leistung, mit einer höheren Wahrscheinlichkeit von Zielsetzung überzeugt wurden, als Studenten, bei denen die Mentoren der Meinung waren, Zielsetzung habe keinen oder einen negativen Effekt. Hier wurde ein signifikant positiver Effekt durch Zielsetzung ohne Erhöhung festgestellt (p<0,05). Auch hier gab es keinen signifikanten Unterschied bei Studenten des „raise"-Treatments. Betrachtet man lediglich Studenten, welche aufgefordert wurden höhere Ziele zu wählen, ist der Effekt auf die Leistung sogar signifikant negativ (p<0,01) (vgl. für diesen Absatz van Lent & Souverijn, 2017, S. 22).

Die Auswertung der deskriptiven Statistik zeigt einige Punkte, welche sich problematisch für die Qualität der Ergebnisse darstellen. Da die Treatments von Mentoren durchgeführt wurden und diese auch darauf achten mussten, dass ihr Handeln auf die Studenten einen guten Einfluss hatte, wurden nicht alle Studenten ihren Treatments gemäß behandelt. Beispielsweise wurde nur bei 93% der Studenten, welche den Treatments zugeordnet wurden, Zielsetzung in der Sitzung thematisiert. Hier kann angenommen werden, dass die Mentoren selektiv auswählten, wem sie Zielsetzung nahelegten. Im „raise"-Treatment wurden nur 58% Studenten zu höheren Zielen motiviert. Davon wiederum nahmen nur 50%

der Studenten diese Erhöhung an. Jedoch liegt die Vermutung nahe, dass bei höheren Anteilen der signifikant negative Effekt nur verstärkt worden wäre (vgl. für die in diesem Absatz van Lent & Souverijn, 2017, S. 16 f.).

Dennoch legt die Studie nahe, dass das Drängen auf höhere Ziele einen negativen Einfluss auf die Leistung haben kann. Das ist auch von Interesse für Ziele am Arbeitsplatz. Vorgesetzte haben bei einem Gespräch über die Ziele die Tendenz ihre Mitarbeiter zu höheren Zielen zu motivieren (vgl. Anderson, Dekker, & Sedatole, 2010, S. 94). Der negative Effekt kann damit zusammenhängen, dass schon die selbstgewählten Ziele zu hoch sind (vgl. Webb, Jeffrey, & Schulz, 2010, S. 219 ff.; Georg & Kube, 2012, S. 17). Außerdem kann die Zielbindung und -akzeptanz mit der Partizipation von Vorgesetzten sinken. In Kapitel 4.1 werden jedoch Situationen vorgestellt, bei denen selbst gewählte Ziele zu niedrig ausfallen und das Drängen zu höheren Zielen einen positiven Effekt auf die Leistung haben kann.

4 Diskussion

Dieses Kapitel setzt sich kritisch mit den Effekten von Zielsetzung auseinander und zeigt zudem noch bestimmte Aspekte auf, die weiterer Forschung bedürfen.

4.1 Negativer Einfluss von Zielen

Der allgemeine Tonus dieser Arbeit stellte bisher den positiven Effekt von Zielen am Arbeitsplatz in den Vordergrund. Allerdings gibt es auch nennenswerte negative Einflüsse und negative Folgen durch Ziele, welche oft erst auf den zweiten Blick sichtbar werden. Einige davon werden in diesem Kapitel vorgestellt.

Ein gutes Beispiel von negativen Folgen von Zielen sind New Yorker Taxifahrer. Camerer, Babcock, Loewenstein und Thaler (1997) zeigten, dass sich ein Großteil der Taxifahrer in New York selbst Tagesziele setzten. Dies hat zur Folge, dass die durchschnittliche Arbeitszeit an einem Tag, an dem viele Taxis nachgefragt werden, sinkt, da die Tagesziele früher erreicht werden (vgl. Camerer, Babcock, Loewenstein, & Thaler, 1997, S. 407 ff.; Crawford & Meng, 2011, S. 1912 ff.). Jedoch wäre es gerade an solchen Tagen sinnvoller, länger zu arbeiten und auf diese Weise mehr Umsatz zu generieren. Dies könnten sie wiederum an schwachen Tagen ausgleichen, indem sie einen schlechten Tag früh erkennen und akzeptieren, dass sie an diesem Tag das Ziel nicht erreichen werden. Viele Studien belegen, dass nach Erreichen des Ziels die Anstrengung der Mitarbeiter und damit auch ihre Leistung sinkt (vgl. Anderson, Dekker, & Sedatole, 2010, S. 91 ff.; Goerg & Kube, 2012, S. 21; Corgnet, Gómez-Miñambres, & Hernán-González, 2015, S. 2938 f.). Dies ist eine ungewollte Begleiterscheinung von Zielen und führt dazu, dass qualifizierte Mitarbeiter nicht ihr volles Potenzial ausschöpfen. Ziele wirken hier als Deckelung für die Leistungen.

Ein weiterer Grund für diesen Effekt ist die Angst vor Ratcheting. Darunter versteht man, dass Ziele mit der Zeit konstant bleiben oder erhöht werden, aber nur in seltenen Fällen gesenkt werden (vgl. Bouwens & Kroos, 2011, S. 171 ff.). Dies hängt damit zusammen, dass Vorgesetzte Ziele oft an Leistungen der Vorjahre messen. Mitarbeiter befürchten durch das Übertreffen von Zielen und herausragenden Leistungen, im nächsten Jahr höhere und somit schwerer zu erreichende Ziele vorgegeben zu bekommen. Es gibt eine Vielzahl an Studien, die belegen, dass Mitarbeiter nicht ihr volles Potenzial ausschöpfen, falls sie Ratcheting befürchten (vgl. Bouwens & Kroos, 2011, S. 171 ff.; Brahm & Poblete, 2018,

S. 4552 ff.). Auch der Fakt, dass das Erreichen von Zielen oft mit besseren Aufstiegschancen zusammenhängt (vgl. Webb, Jeffrey, & Schulz, 2010, S. 214), führt zu der Absicht der Mitarbeiter, möglichst niedrige Ziele anzustreben, um diese leichter zu erreichen (vgl. Anderson, Dekker, & Sedatole, 2010, S. 94). All dies kann negative Folgen für die Leistung der Mitarbeiter beim Einführen von Zielen am Arbeitsplatz mit sich bringen.

Ein weiterer wichtiger Punkt, welcher betrachtet werden muss, ist die Frage, was passiert, falls Mitarbeiter schon früh feststellen, dass ihre Ziele nicht erreichbar sind. Sobald Mitarbeiter erkennen, dass sie keine Möglichkeit haben, ihr Ziel zu erreichen, sinkt die Anstrengung signifikant ab und die Anreize für das Erreichen der Ziele haben keinen weiteren Einfluss auf die Leistung. Jedoch gibt es keine signifikanten Hinweise darauf, dass bei zu schweren Zielen die Leistung der Mitarbeiter unter das Leistungsniveau ohne Zielsetzung fällt (vgl. Lee, Locke, & Phan, 1997, S. 541 ff.; Goerg & Kube, 2012, S. 20; Delfgaauwa, Dur, Non, & Verbeke, 2014, S.12; Corgnet, Gómez-Miñambresb, & Hernán-Gonzálezd, 2015, S. 2938).

In diesem Zusammenhang ist auch die Frage interessant, was für Folgen das Scheitern auf die Leistung in der nächsten Periode haben kann. Studien haben festgestellt, dass es sinnvoll ist, bei dieser Frage zwischen männlichen und weiblichen Probanden zu unterscheiden. Buser untersuchte den Einfluss von Niederlagen in einer Wettkampfsituation mit leicht zu lösenden Aufgaben. Hier stellte er eine signifikante Verschlechterung der Leistung von Frauen fest. Männliche Probanden hingegen wählten höhere Ziele (vgl. Buser, 2016, S. 3439 ff.). Dies ist vergleichbar mit der Situation, nachdem ein Ziel in einer Periode nicht erreicht wurde. Jedoch geht die Analyse der geschlechtsspezifischen Unterschiede über den Umfang dieser Arbeit hinaus. Es ist allerdings eindeutig, dass Ziele, die nicht erreicht werden, negative Emotionen hervorrufen können (vgl. Cron, Slocum, Vandewalle, & Fu, 2005, S. 55 ff.).

Eine weitere Befürchtung beim Festlegen von Zielen ist der Fokus auf das Ziel und die dabei vernachlässigten Aspekte. Auf der einen Seite ist der erhöhte Fokus ein erwünschter Effekt, auf der anderen Seite können jedoch Aufgaben vernachlässigt werden, die nicht mit dem Ziel zusammenhängen (vgl. Latham & Locke, 2006, S. 337). Bei Studenten, welche sich Ziele für bestimmte Kurse setzten, hatte dies jedoch keinen Einfluss auf die Noten der anderen Kurse (vgl.

van Lent & Souverijn, 2017, S. 28). Durch den Fokus auf das Erreichen der schw“eren Ziele werden hingegen seltener neue Wege zum Lösen bestimmter Probleme gefunden (vgl. Webb, Williamson, & Zhang, 2013, 1433 ff.).

Wie schon zuvor erwähnt, gehen Ziele oft mit Messungen und Feedback der Leistung der Mitarbeiter einher. Dadurch ist es den Mitarbeitern leichter möglich, sich untereinander zu vergleichen. Ziele und die Wahl der Ziele hängen auch eng mit der Selbstdarstellung zusammen (vgl. Koch & Nafziger, 2011, S. 212 ff.). Daher gibt es Anzeichen dafür, dass Ziele den Wettkampf zwischen den Mitarbeitern fördern und die Mitarbeiter dadurch vorzugsweise für ihren eigenen Vorteil arbeiten (vgl. Latham & Locke, 2006, S. 334 f.; Poortvliet & Darnon, 2010, S. 38 ff.). Durch Konkurrenz zwischen den Mitarbeitern kann es zum Vorenthalten von Informationen bis hin zu Sabotagen kommen. Mitarbeiter erhoffen sich dadurch einen besseren Status zu erreichen (vgl. Poortvliet & Darnon, 2010, S. 50 ff.).

Nicht nur die Konkurrenz zwischen den Mitarbeitern führt zu unethischem Verhalten, wie zum Beispiel der Weitergabe von falschen Informationen über die eigenen Leistungen (vgl. Schweitzer, Ordóñez, & Douma, 2004, S. 422 ff.; Welsh & Oróñez, 2014, S. 79ff.), sondern auch der Druck, der durch hohe Ziele entsteht hat einen starken Einfluss. Dieser führt zu einer Erschöpfung und dazu, dass Ziele zum Hauptmotivator für die Arbeit werden. Dadurch sind Selbstkontrollmechanismen, die viel Energie benötigen, ausgehebelt (vgl. Welsh & Oróñez, 2014, S. 79ff.). Ein weiterer wichtiger Faktor für unethisches Verhalten ist die Art der Ziele. Umsatzziele können beispielsweise zur Folge haben, dass Mitarbeiter für bestimmte Leistungen zu hohe Preise von den Kunden verlangen (vgl. Dishneau, 1992, S. 1ff.; Desai & Kouchaki, 2015, S. 79ff.).

4.2 Weiterer Forschungsbedarf

Das Feld der Zielsetzungstheorie ist schon weit erforscht. Dennoch gibt es durchaus einige Punkte, die näher untersucht werden sollten, um den Einsatz von Zielen zu optimieren.

Um weitere Aussagen über den Einfluss von Partizipation am Zielsetzungsprozess auf die Leistung der Mitarbeiter treffen zu können, wäre es ratsam, eine Feldstudie an einem Arbeitsplatz durchzuführen. Diese sollte über mehrere Perioden andauern und die verschiedenen Grade von Partizipation miteinander vergleichen. Hier würde sich eine etwas größere Firma anbieten, welche in vergleichbare Abteilungen aufgeteilt ist. Es wäre auch interessant, Abteilungen zu wählen, bei denen Mitarbeiter im selben Raum arbeiten. Zum einen könnte man hier die zeitlichen Veränderungen der Ziele und der Leistungen beobachten. Man könnte vergleichen, welche Faktoren zu höheren beziehungsweise niedrigeren Zielen führen, auch welchen Einfluss das Nichterreichen von Zielen in mehreren Perioden hintereinander, auf die Leistung und Ziele der nächsten Perioden haben. Zum andern könnte hier die Dynamik zwischen Mitarbeitern und deren ethisches Verhalten untersucht werden.

Des Weiteren ist es auch interessant, welche Wahl Mitarbeiter treffen, wenn verschiedene Optionen beim Zielsetzungsprozess beteiligt zu werden, gegeben sind. In diesem Zusammenhang könnte man die verschiedenen Selektionseffekte untersuchen. Es wäre ratsam hier den Mitarbeitern die Wahl lassen, jede Periode erneut zwischen den verschiedenen Zielsetzungsprozessen zu wählen.

Auch weitere Studien bezüglich Zielen in Teams sollten in diesem Zusammenhang durchgeführt werden. Hier ist nicht nur die Untersuchung der Einflüsse individueller Ziele im Vergleich zu Zielen für das gesamte Team interessant, sondern auch welchen Unterschied es macht, ob die Ziele von dem Team selbst gewählt, oder ihnen extern vorgegeben wurden. Auch interessant ist hier, ob Teams höhere Ziele festlegen als Individuen und ob der Ratcheting-Effekt hier weniger negativen Einfluss auf die Höhe der von den Mitarbeitern angestrebten Ziele hat.

5 Handlungsempfehlung

Wie die Arbeit schon vermuten lässt, gibt es keine allgemeingültige Lösung, den Zielsetzungsprozess zu gestalten. Es kommt auf viele verschiedene Faktoren und auf die Absicht der jeweiligen Arbeitgeber an. Außerdem müssen einige Faktoren beachten werden, um die in Kapitel 4.1 gezeigten negativen Folgen zu vermeiden. In diesem Kapitel werden einige der Faktoren geschildert und konkrete Handlungsempfehlungen für diese Fälle gegeben. Dabei liegt das Hauptaugenmerk wie schon zuvor auf der Partizipation der Mitarbeiter am Zielsetzungsprozess, jedoch werden auch in Bezug auf andere Punkte Empfehlungen gegeben.

Ein entscheidender Faktor stellt die Größe beziehungsweise die Struktur des Unternehmens dar. In großen Unternehmen ist es oft schwierig neue Strategien zu implementieren. Ein Beispiel hierfür ist das Unternehmen Rügenwalder Mühle, bei dem die Einführung von vegetarischen Produkten bei der Belegschaft auf Kritik und Bedenken stieß und den Prozess erschwerte und verlangsamte (vgl. Hockling, 2016). Hier ist die Akzeptanz der Mitarbeiter sehr wichtig. Außerdem fehlen den Vorgesetzten, welche die Ziele festlegen, oft genaue Informationen über operative Abläufe. Daher ist es oft schwer für sie einzuschätzen, an welchen Stellen noch Optimierungspotenzial besteht. Aus diesen beiden Gründen bietet sich hier eine Beteiligung der Mitarbeiter am Zielsetzungsprozess an. Wie in Kapitel 3.2 beschrieben, steigt dadurch die Akzeptanz und es wird einfacher, Zielsetzung zu implementieren. Außerdem kann ein Informationsaustausch stattfinden. Dies führt zum einen dazu, dass den Mitarbeitern auch die Ziele des Unternehmens vermittelt werden, wodurch die Akzeptanz weiter steigt. Zum anderen können diese wiederum ihr Wissen über operative Abläufe, Möglichkeiten und Ähnliches mit in den Prozess einbringen. Wie in Kapitel 3.6 erläutert ist es aber wichtig, die Mitarbeiter nicht zu Zielen zu drängen, welche ihre Fähigkeiten übersteigen.

Bei Unternehmen mit vielen Mitarbeitern ist es außerdem wahrscheinlicher, dass sich die Fähigkeiten der Mitarbeiter stark unterscheiden. Daher ist es ratsam, individuelle Ziele festzulegen. Dies ist jedoch bei exogener Zielsetzung schwer zu vermitteln und kann negative Auswirkungen auf die Motivation und letztendlich auf die Leistung haben. Bei partizipativen Prozessen ist dies hingegen einfacher umzusetzen.

In kleinen Unternehmen sind die Ziele der Mitarbeiter hingegen nicht so weit entfernt von den eigentlichen Unternehmenszielen. Bei exogen gegebenen Zielen haben die Vorgesetzten mehr Entscheidungskraft und können so eventuell die Leistung der Mitarbeiter besser in die gewünschte Richtung lenken. Außerdem ist bei kleineren Unternehmen die Planungssicherheit ein wichtiger Aspekt. Da, wie in Kapitel 3.4 erläutert, die Streuung der Leistung von Mitarbeitern signifikant steigt, falls diese Ziele selbst festlegen dürfen, sollten die Ziele nicht vollkommen selbstgewählt werden. Wenn den Mitarbeitern jedoch glaubhaft vermittelt werden kann, keine Angst vor Ratcheting haben zu müssen und somit die Absicht der Mitarbeiter niedrigere Ziele festzulegen schmälert, spricht nichts gegen eine Mitsprache bei der Festlegung der Ziele. Auch die kleineren Unternehmen können von den zuvor erläuterten Vorteilen profitieren.

Fällt die Entscheidung auf selbstgewählte Ziele, bietet es sich an, die Höhe der Ziele an ein Anreizsystem zu koppeln. Beispielsweise kann die Höhe des ausgezahlten Bonus je nach Höhe des Ziels variiert werden. Dies hat den Vorteil, dass den Mitarbeitern ein Grund gegeben wird, die Ziele im Rahmen der Fähigkeiten möglichst hoch zu wählen, was wiederum zu höheren Leistungen führen kann.

Ein weiterer wichtiger Punkt ist die Absicht, die sich hinter dem Einführen der Ziele verbirgt. Es stellt sich die Frage, bei welcher Art von Aufgabe beziehungsweise in welcher Weise die Leistungen gesteigert werden sollen. Handelt es sich um ein Ziel, welches beabsichtigt, dass die Mitarbeiter sich lediglich konzentrierter und mit weniger Ablenkungen der Aufgabe widmen oder sollen sie neue und effizientere Wege finden, bestimmte Aufgaben zu lösen? Letzteres ist vor allem der Fall, wenn Innovationen erforderlich sind oder neue Aufgabengebiete erschlossen werden. Auch wenn festgestellt wird, dass bestimmte Kriterien, wie beispielsweise die Kundenzufriedenheit, verbessert werden müssen und dadurch nicht nach den alten Mustern gehandelt werden kann, sind neue Herangehensweisen erforderlich. Hier empfiehlt es sich, leichtere Ziele zu wählen, da Mitarbeitern die Zeit und Möglichkeit geboten wird, sich mit neuen effizienteren Wegen zu beschäftigen und diese auch mit einer größeren Wahrscheinlichkeit zu finden (vgl. Webb, Williamson, & Zhang, 2013, S. 1445 ff.). Werden die Ziele jedoch anspruchsvoll gewählt, nutzen sie die herkömmlichen Herangehensweisen, arbeiten jedoch härter (vgl. Webb,

Williamson, & Zhang, 2013, S. 1449 ff.). Wie in dieser Arbeit mehrfach erläutert (vgl. Kapitel 3.1), führen höhere Ziele auch zu höheren Leistungen. Daher ist es wichtig, sich der Absicht, die hinter dem Festlegen von Zielen steckt, bewusst zu sein. Oft ist es ratsam bei Einführung der Ziele leichtere Ziele festzulegen, um neue Strategien zu finden und diese mit der Zeit anzupassen.

Es empfiehlt sich außerdem, das Übertreffen von Zielen zu belohnen (vgl. Chung, Steenburgh, & Sudhir, 2013, 165 ff.). Hierfür bietet es sich an, das Bonussystem anzupassen. Eine Möglichkeit ist es, nicht nur einen festgelegten Bonus auszuzahlen, falls das Ziel erreicht wird, sondern nach Erreichen entweder eine konvexe beziehungsweise eine konkave Funktion für die Höhe des Bonus einzuführen. Eine konvexe Kurve belohnt besonders das Übertreffen der Ziele, was nützlich sein kann, falls beispielsweise Risikobereitschaft gefördert werden soll. Falls dies nicht erwünscht ist und das Hauptaugenmerk auf dem Ziel liegt, bietet sich eine konkave Kurve an.

6 Fazit

Diese Arbeit zeigt, dass es viele Faktoren gibt, die beim Zielsetzungsprozess am Arbeitsplatz beachtet werden müssen. Betrachtet man lediglich die Leistung der Mitarbeiter, könnte man, wie Latham und Locke, zu dem Ergebnis kommen, die Partizipation der Mitarbeiter habe keinen signifikanten Einfluss (vgl. Latham & Locke, 2002, S. 708; Latham & Locke, 2006, S. 332). Jedoch lässt dies viele der in dieser Arbeit besprochenen Aspekte außen vor und lässt sich nicht so einfach pauschalisieren. Dennoch ist die Teilnahme der Mitarbeiter am Prozess nur ein Aspekt von vielen, die es zu beachten gibt. Die Vermutung liegt nahe, dass die Art und die Höhe der Ziele und das damit verbundene Anreizsystem mindestens in gleichem Maße die Leistung der Mitarbeiter beeinflusst. Kapitel 4.1 zeigt, dass höhere Leistungen und gesteigerter Fokus auch negative Folgen mit sich bringen können und diese mit Blick auf die langfristigen Ziele nicht ignoriert werden sollten. Ist man sich dieser jedoch bewusst und kommt ihnen zuvor, ist Zielsetzung ein gutes Mittel, um Mitarbeiter zu motivieren, die Zufriedenheit am Arbeitsplatz zu erhöhen und das Potenzial der Mitarbeiter besser auszuschöpfen.

Anhang

Abhängige Variablen	
Output	Anzahl der richtig gelösten Tabellen der Mitarbeiter.
Unabhängige Variablen	
Zielsetzungstreatment	1 falls Proband im Zielsetzungstreatment ist, sonst 0.
kein Ziel	1 falls der Manager aktiv kein Ziel gewählt hat im Zielsetzungstreatment, sonst 0.
hoher finanzieller Anreiz	1 falls der Proband 80¢ oder 150¢ pro richtig gelöster Tabelle erhalten hat, sonst 0.
Zeit	1 in der zweiten Hälfte des Experiments, sonst 0.
Kontrollvariablen	
Mitarbeiter in der letzten Periode	1 falls der Proband in der letzten Periode die Rolle des Mitarbeiters hatte, sonst 0.
Finanzieller Anreiz in vorhergehender Periode	10¢, 80¢ oder 150¢ je nach Bezahlung des Probanden in der vorhergehenden Periode.

Tabelle 1: Übersicht über Variablen des Regressionsmodells Kapitel 3.1

(Quelle: Corgnet, Gómez-Miñambres, & Hernán-González, 2015, S. 2934 f.)

Intercept	8.726***	6.219***
	(0.443)	(0.586)
Goal-setting dummy	0.955**	1.427***
	(0.463)	(0.543)
No goal dummy	—	−0.130
		(0.203)
First table correct	—	2.953***
		(0.413)
Incentive dummies		
Average incentives	1.517***	1.333***
	(0.316)	(0.267)
High incentives	1.458***	1.575***
	(0.308)	(0.205)
Trend and dynamics		
Time dummy	—	1.064***
		(0.184)
Time dummy × *Goal-setting dummy*	—	−0.526*
		(0.295)
Worker in previous period	—	−0.390***
		(0.146)
Incentives in previous period	—	0.0002
		(0.002)
No. of observations (sessions)	$n = 752$ (16)	$n = 564$ (16)
R^2	0.029	0.132

Note. Estimation output using robust standard errors is clustered at the session level (in parentheses).
*$p < 0.10$; **$p < 0.05$; ***$p < 0.01$.

Tabelle 2: Regressionstabelle mit zufälligen Effekten für den Output.
(Quelle: Corgnet, Gómez-Miñambres, & Hernán-González, 2015, S. 2935)

	Work dedication	Number of completed tables	Accuracy
Intercept	0.735***	8.575***	0.695***
	(0.034)	0.895	(0.023)
Goal-setting dummy	0.052*	1.415**	0.001
	(0.029)	(0.672)	(0.020)
No goal dummy	−0.048	−0.172	0.007
	(0.072)	(0.248)	(0.047)
First table correct	0.145***	2.073***	0.165***
	(0.021)	(0.522)	(0.014)
Incentive dummies			
Average incentives	0.119***	1.850	0.001
	(0.021)	(0.323)	(0.013)
High incentives	0.121***	2.070	0.001
	(0.021)	(0.273)	(0.013)
Trend and dynamics			
Time dummy	0.033	0.934***	0.012
	(0.026)	(0.264)	(0.016)
Time dummy × *Goal-setting dummy*	−0.039	−0.398	−0.001
	(0.036)	(0.332)	(0.022)
Worker in previous period	−0.038**	−0.470**	−0.006
	(0.018)	(0.218)	(0.011)
Incentives in previous period	−0.001	−0.001	0.001*
	(0.001)	(0.002)	0.001
No. of observations (sessions)	$n = 564$	$n = 564$	$n = 545$
R^2	0.168	0.085	0.199

Note. Estimation output using robust standard errors clustered at the session level (in parentheses).
$^*p < 0.10$; $^{**}p < 0.05$; $^{***}p < 0.01$.

Tabelle 3: Regressionstabelle mit zufälligen Effekten für den Arbeitseinsatz, Anzahl an bearbeiteten Tabellen und dem Anteil an richtig gelösten Tabellen.
(Quelle: Corgnet, Gómez-Miñambres, & Hernán-González, 2015, S. 2942)

Students	New		Returning	
Participants	Yes	No	Yes	No
	4.35	3.59	4.28	3.78
	(2.72)	(2.58)	(2.45)	(2.28)

Tabelle 4: Durchschnittsnote bei den Halbjahres Klausuren (Standartabweichung in Klammern)
(Quelle: Herranz-Zarzoso & Sabater-Grande, 2018, S. 39)

Students	New		Returning	
Treatment	*T2*	*T3*	*T2*	*T3*
	6.70	6.93	5.81	5.92
	(1.10)	(1.35)	(0.83)	(0.83)

Tabelle 5: Durchschnitt der gewählten Ziele (Standartabweichung in Klammern)
(Quelle: Herranz-Zarzoso & Sabater-Grande, 2018, S. 39)

Students	New			Returning		
Treatment	*T1*	*T2*	*T3*	*T1*	*T2*	*T3*
	2.78	4.14	4.06	+0.65	+1.89	+2.09
	(1.65)	(2.96)	(2.63)	(2.30)	(2.20)	(1.62)

Tabelle 6: Durchschnittlich erreichte Noten in den Abschlussarbeiten und Notenverbes-
serung der wiederholenden Studenten (Standartabweichung in Klammern)
(Quelle: Herranz-Zarzoso & Sabater-Grande, 2018, S. 40)

Bet	Model 1	Model 2	Model 3	Model 4	Model 5	Model 6	Model 7
Non-incentivized grade	0.0906	0.0908	0.0725	0.0842	0.0638	0.0450	0.0533
	(0.0424)	(0.0408)	(0.0402)	(0.0397)	(0.0394)	(0.0437)	(0.0436)
Returning		−0.722	−0.984	−0.811	−0.647	−0.618	−0.824
		(0.254)	(0.262)	(0.268)	(0.268)	(0.301)	(0.325)
T2			0.807	0.804	0.628	0.635	0.621
			(0.331)	(0.324)	(0.326)	(0.325)	(0.322)
T3			0.907	0.914	0.883	0.926	0.925
			(0.321)	(0.314)	(0.307)	(0.320)	(0.317)
Gender				0.524	0.582	0.560	0.491
				(0.238)	(0.245)	(0.262)	(0.264)
Management					−0.173	−0.237	−0.264
					(0.279)	(0.282)	(0.280)
Economics					−0.214	−0.503	−0.451
					(0.304)	(0.330)	(0.329)
Economics + Law					1.219	1.290	1.831
					(0.492)	(0.534)	(0.628)
Class group A						−0.0331	0.207
						(0.329)	(0.359)
Class group B						−0.0858	−0.0377
						(0.405)	(0.402)
Class group D						0.233	0.268
						(0.487)	(0.483)
Class group E						0.122	0.151
						(0.386)	(0.383)
Class group F						1.090	1.000
						(0.478)	(0.477)
UEG							−0.147
							(0.0923)
Constant	5.882	6.104	5.602	5.185	5.331	5.398	6.575
	(0.248)	(0.251)	(0.298)	(0.348)	(0.415)	(0.419)	(0.847)
Observations	94	94	94	94	94	94	94
R-squared	0.047	0.125	0.201	0.243	0.314	0.369	0.389

Standard errors in parentheses.

*** p < 0.01.

** p < 0.05.

* p < 0.1.

Tabelle 7: Regressionsmodell um die Wahl der Ziele zu erklären
(Quelle: Herranz-Zarzoso & Sabater-Grande, 2018, S. 42)

Incentivized grade	Model 1	Model 2	Model 3	Model 4	Model 5	Model 6	Model 7
T2	1.354	1.252	1.146	1.146	0.928	0.891	0.863
	(0.431)	(0.440)	(0.442)	(0.443)	(0.406)	(0.365)	(0.372)
T3	1.357	1.395	1.303	1.303	1.334	1.141	1.115
	(0.414)	(0.419)	(0.420)	(0.421)	(0.384)	(0.348)	(0.354)
Non-incentivized grade		0.196	0.199	0.199	0.136	0.257	0.262
		(0.0669)	(0.0665)	(0.0668)	(0.0620)	(0.0606)	(0.0627)
Returning			0.626	0.626	1.065	0.868	0.839
			(0.367)	(0.377)	(0.353)	(0.341)	(0.370)
Gender				0.00143	0.221	-0.240	-0.253
				(0.360)	(0.341)	(0.314)	(0.319)
Management					-0.394	-0.156	-0.153
					(0.416)	(0.380)	(0.385)
Economics					-0.123	0.135	0.130
					(0.463)	(0.428)	(0.432)
Economics + Law					3.952	3.849	3.983
					(0.773)	(0.740)	(0.828)
Class group A						0.0634	0.123
						(0.445)	(0.487)
Class group B						2.177	2.187
						(0.470)	(0.475)
Class group D						-0.136	-0.142
						(0.553)	(0.558)
Class group E						-1.430	-1.389
						(0.525)	(0.540)
Class group F						-0.368	-0.393
						(0.573)	(0.580)
UEG							-0.0438
							(0.123)
Constant	2.955	2.181	1.999	1.998	2.043	1.600	1.952
	(0.298)	(0.405)	(0.416)	(0.479)	(0.559)	(0.531)	(1.088)
Observations	177	158	158	158	158	158	156
R-squared	0.073	0.134	0.150	0.150	0.310	0.472	0.469

Standard errors in parentheses.

*** $p < 0.01$.

** $p < 0.05$.

* $p < 0.1$.

Tabelle 8: Regressionsmodell zu Erklärung der Note
(Quelle: Herranz-Zarzoso & Sabater-Grande, 2018, S. 43)

Treatment	Mean	Median	SD	Min.	Max.	25th Perc.	75th Perc.
PIECERATE	102	101	20.56	52	146	90	114
GOAL	116.44	124	25.19	72	164	98	130
BELIEF	117.24	115	27.51	68	173	100	136
EXO100	112.27	114	15.26	81	131	109	126
EXO50	92.34	91	12.37	73	120	83	103

Tabelle 9: Mittelwert, Median, Standartabweichung, Minimum und Maximum und 0,25 und 0,75 Quantil der gescannten Bücher für die unterschiedlichen Gruppen (Quelle: Georg & Kube, 2012, S. 11)

TABLE 2: OLS TOTAL NUMBER BOOKS

Total Books	(1)	(2)	(3)
GOAL	14.44**	11.61*	11.60**
	(6.530)	(6.282)	(5.662)
BELIEF	15.24**	11.60*	12.88*
	(6.897)	(6.489)	(6.728)
EXO100	10.27*	14.28**	12.46**
	(5.680)	(6.002)	(6.190)
EXO50	-9.667*	-6.755	-5.775
	(5.200)	(5.409)	(5.152)
Ability		0.104***	0.101***
		(0.0237)	(0.0240)
Constant	102***	120.8***	82.65***
	(4.129)	(5.738)	(21.14)
Controls:	-	-	age, daytime, gender, mechanizing
Observations	105	97	97
R-squared	0.150	0.297	0.385
Prob > F	0.0000	0.0000	0.0000

Robust standard errors in parentheses
*** $p<0.01$, ** $p<0.05$, * $p<0.1$

Tabelle 10: Regressionsmodell zur Erklärung der Anzahl an gescannten Büchern (Quelle: Georg & Kube, 2012, S. 14)

Variable	Theoretical score		Actual score		Mean	SD
	Min	Max	Min	Max		
Participation	1.00	7.00	2.00	7.00	4.22	1.31
Procedural fairness	1.00	7.00	3.00	6.50	5.16	0.96
Trust	1.00	7.00	2.00	6.75	4.67	1.22
Goal commitment	1.00	7.00	4.33	7.00	5.91	0.63

Tabelle 11: Deskriptive statistische Auswertung des Fragebogens
(Quelle: Sholihin, Pike, Mangena, & Jing, 2011, S. 141)

Panel A. Direct effect

Variable	Path to
	Goal commitment
Participation	$0.413\ (4.536)^{***}$
R^2	0.191

Panel B. Testing the mediating effect of trust

Variable	Path to	
	Trust	Goal commitment
Participation	$0.449\ (4.611)^{***}$	$0.346\ (3.121)^{***}$
Trust		$0.178\ (1.463)^{*}$
R^2	0.202	0.206

Panel C. Full model

Variable	Path to		
	Procedural fairness	Trust	Goal commitment
Participation	$0.563\ (5.486)^{***}$	$0.259\ (1.529)^{*}$	$0.140\ (1.072)$
Procedural fairness		$0.334\ (2.281)^{**}$	$0.424\ (3.002)^{**}$
Trust			$0.076\ (0.596)$
R^2	0.317	0.276	0.331

$^{***}p < 0.01$ (one-tailed).
$^{**}p < 0.05$.
$^{*}p < 0.10$.

Tabelle 12: Regressionsmodell (PLS-Methode)
(Quelle: Sholihin, Pike, Mangena, & Jing, 2011, S. 142)

Literaturverzeichnis

"cyberslacking". (18. 09 2018). *Cambridge Dictionary online.* Von https://dictionary.cambridge.org/de/worterbuch/englisch/cyberslack ing abgerufen

Akerlof, G. A. (1982). Labor Contracts as Partial Gift Exchange. *The Quarterly Journal of Economics, Vol. 97, No. 4,* 543-569.

Anderson, S., Dekker, H., & Sedatole, K. (2010). An Empirical Examination of Goals and Performance-to-Goal Following the Introduction of an Incentive Bonus Plan with Participative Goal Setting. *Management Science 56,* 90-109.

Andrews, B. H., Carpentier, J. J., & Gowen, T. L. (2001). A New Approach to Performance Measurement and Goal Setting. *Interface 31(3),* 44-54.

ARD, ZDF, & n.d. (18. 09 2018). *Entwicklung der durchschnittlichen täglichen Nutzungsdauer des Internets in Deutschland in den Jahren 2000 bis 2017 (in Minuten).* Von Statista: https://de.statista.com/statistik/daten/studie/1388/umfrage/taeglich e-nutzung-des-internets-in-minuten/ abgerufen

Balasubramanian, N., Lee, J., & Sivadasan, J. (2018). Deadlines, Workflows, Task Sorting, and Work Quality. *Management Science 64(4),* 1804-1824.

Banke, R. D., Lee, S.-Y., & Potter, G. (1996). A field study of the impact of a performance-based incentive plan. *Journal of Accounting and Economics 21,* 195-226.

Bhargava, S., & Pradhan, H. (2018). Effect of Goal Orientation on Job Performance. *Journal of Management Research, Vol. 18, No. 2,* 90-101.

Bourne, M., Kennerley, M., & Franco-Santos, M. (2005). MANAGING THROUGH MEASURES: A STUDY OF IMPACT ON PERFORMANCE. *Journal of Manufacturing Technology Management, Vol. 16, No. 4,* 373-395.

Bouwens, J., & Kroos, P. (2011). Target ratcheting and effort reduction. *Journal of Accounting and Economics,* 171-185.

Brahm, F., & Poblete, J. (2018). Incentives and Ratcheting in a Multiproduct Firm: A Field Experiment. *Management Science, 64(10),* 4552-4571.

Bryk, A. S., & Raudenbush, S. W. (1992). *Hierarchical Linear Models: Applications and Data Analysis Methods.* London: Sage Publications.

Buser, T. (2016). The Impact of Losing in a Competition on the Willingness to seek Further Challenges. *Management Science 62(12)*, 3439-3449.

Camerer, C., Babcock, L., Loewenstein, G., & Thaler, R. (1997). Labor supply of New York City cabdrivers: One day at a time. *Quarterly Journal of Exonomics, 112(2)*, 407-441.

Chong, V. K., & Chong, K. M. (2002). Budget Goal Commitment and Informational Effects of Budget Participation on Performance: A Structural Equation Modeling Approach. *Behavioral Research In Accounting, vol. 14*, 65-86.

Chung, D. J., Steenburgh, T., & Sudhir, K. (2013). Do Bonuses Enhance Sales Productivity? A Dynamic Structural Analysis of Bonus-Based Compensation Plans. *Marketing Science 33 (2)*, 165-187.

Clark, D., Gill, D., Prowse, V., & Rush, M. (2017). *Using goals to motivate college students: Theory and evidence from field experiments.* Cambridge: NBER Working Paper No. 23638.

Colquitt, J. A., Conlon, D. E., Wesson, M. J., Porter, C. O., & Ng, K. Y. (2001). Justice at the millennium: a meta-analytic review of 25 years of organizational justice research. *Journal of Applied Psychology, 86(3)*, 425–445.

Corgnet, B., Gómez-Miñambres, J., & Hernán-González, R. (2015). Goal Setting and Monetary Incentives: When Large Stakes Are Not Enough. *Management Science 61(12)*, 2926-2944.

Corgnet, B., Gómez-Miñambresb, J., & Hernán-Gonzálezd, R. (2018). Goal setting in the principal–agent model: Weak incentives for strong performance. *Games and Economic Behavior 109*, 311–326.

Corgnet, B., Hernán González, R., & Schniter, E. (2015). Why Real Leisure Really Matters: Incentvie effects on real effort in the laboratory. *Experimental Economy 18(2)*, 284-301.

Crawford, V., & Meng, J. (2011). New York city cab drivers' labor supply revisited: Reference-dependent preferences with rational-expectation targets for hours and income. *American Economic Review, 101(5)*, 1912-1932.

Cron, W. L., Slocum, J., Vandewalle, D., & Fu, F. Q. (2005). The Role of Goal Orientation on Negative Emotions and Goal Setting When Initial Performance Falls Short of One's Performance Goal. *Human Performance 18(1)*, 55-80.

Croson, R., & Gneezy, U. (2009). Gender Differences in Preferences. *Journal of Economic Literature, 47(2)*, 448–474.

Dalton, P. S., Gonzalez, V. G., & Noussair, C. (2016). *Self-Chosen Goals: Incentives and Gender Differences.* Tilberg: Economics: CentER Discussion Paper; Vol. 2016-036.

Delfgaauwa, J., Dur, R., Non, A., & Verbeke, W. (2014). Dynamic incentive effects of relative performance pay: A field experiment. *Labour Economics 28*, 1-13.

Desai, S. D., & Kouchaki, M. (2015). Work-report formats and overbilling: How unit-reporting vs. cost-reporting increases accountability and decreases overbilling. *Organizational Behavior and Human Decision Processes, 130*, 79–88.

Dishneau, D. (22. Juni 1992). Sears admits mistakes, takes workers off commission. *Associated Press.*

Dohmen, T., & Falk, A. (2011). Performance Pay and Multi-dimensional Sorting – Productivity, Preferences and Gender. *American Economic Review 101*, 556–590.

Doran, G. T. (1981). There's a S.M.A.R.T. way to write management's goals and objectives. *Management Review, 70(11)*, 35-36.

Emsley, D. (2003). Multiple goals and managers' job-related tension and performance. *Journal of Managerial Psychology*, S. 345-356.

Falk, A., & Fehr, E. (2003). Why labour market experiments? *Labour Economics 10*, 399-406.

Falk, A., & Heckman, J. J. (2009). Lab Experiments Are a Major Source of Knowledge in the Social Sciences. *Science, Vol 326, Issue 5952*, 535-538.

Falk, A., & Knell, M. (2004). Choosing the Joneses: Endogenous Goals and Reference Standards. *Scand. J. of Economics 106 (3)*, 417–435.

Frey, B. S., & Oberholzer-Gee, F. (1997). The Cost of Price Incentives: An Empirical Analysis of Motivation Crowding Out. *The American Economic Review, Vol. 87, No. 4*, 746-755.

Gabler Wirtschaftslexikon. (22. 01 2019). Von https://wirtschaftslexikon.gabler.de/definition/extrinsische-motivation-32084/version-255632 abgerufen

Goerg, S. J., & Kube, S. (2012). *Goals (th)at Work - Goals, Monetary Incentives, and Workers' Performance.* Bonn: Preprints of the Max Planck Institute for Research on Collective Goods.

Gómez-Miñambres, J. (2012). Motivation through goal setting. *Journal of Economic Psychology*, 1223-1239.

Groen, B. (2018). A Survey Study into Participation in Goal Setting, Fairness, and Goal Commitment: Effects of Including Multiple Types of Fairness. *JOURNAL OF MANAGEMENT ACCOUNTING RESEARCH, Vol. 30, No. 2*, 207-240.

Groen, B., Wouters, M., & Celeste, P. (2012). Why do employees take more initiatives to improve their performance after co-developing performance measures? A field study. *Management Accounting Research 23*, 120– 141.

Heath, C., Larrick, R. P., & Wu, G. (1999). Goals as Reference Points. *Cognitive Psychology, Vol. 38, Issue 1*, 79-109.

Heinle, M. S., Ross, N., & Saouma, R. E. (2014). A Theory of Participative Budgeting. *The Accounting Review, vol. 89, No. 3*, 1025-1050.

Herranz-Zarzoso, N., & Sabater-Grande, G. (2018). Monetary incentives and self-chosen goals in academic performance: An experimental study. *International Review of Economics Education, 27*, 34-44.

Ho, J. L., Wu, A., & Wu, S. Y. (2014). Performance measures, consensus on strategy implementation, and performance: Evidence from the operational-level of organizations. *Accounting, Organizations and Society 39*, 38-58.

Hockling, S. (23. 05 2016). *Bedenkenträger haben in der Regel Angst.* Von Zeit Online: https://www.zeit.de/karriere/beruf/2016-05/innovation-vegetarische-wurst-ruegenwalder-tipps-fuehrungskraefte abgerufen

Hodge, B., & Anthony, W. (1988). *Organization Theory: An Environmental Approach.* Boston, MA.

Hsiaw, A. (2013). Goal-setting and self-control. *Journal of Economic Theory 148*, 601–626.

Jensen, M. C., & Meckling, W. H. (1976). THEORY OF THE FIRM: MANAGERIAL BEHAVIOR, AGENCY COSTS AND OWNERSHIP STRUCTURE. *Journal of Financial Economics 3*, 305-360.

Joseph, K., & Kalwani, M. (1998). The Role of Bonus Pay in Sales force Compensation. *Industrial Marketing Management, 27-2*, 147-159.

Kaplan, R. S., & Norton, D. P. (1992). The balanced scorecard - measures that drive performance. *Harvard Business Review, Jan./Feb.*, 71 - 79.

Kaur, S., Kremer, M., & Mullainathan, S. (2010). Self-Control and the Development of Work Arrangements. *American Economic Review: Papers & Proceedings 100*, 624–628.

Koch, A. K., & Nafziger, J. (2011). Self-regulation through Goal Setting. *Scand. J. of Economics 113(1)*, 212–227.

Latham, G. P., & Locke, E. A. (2006). Enhancing the Benefits and Overcoming the Pitfalls of Goal Setting. *Organizational Dynamics, Vol. 35(4)*, 332-340.

Latham, G., & Locke, E. (2002). Building a Practically Useful Theory of Goal Setting. *American Psychologist, 57*, 705-717.

Lee, T. W., Locke, E. A., & Phan, S. H. (1997). Explaining the Assigned Goal-Incentive Interaction: The Role of Self-Efficacy and Personal Goals. *Journal of Management, Vol. 23 (4)*, 541-559.

Lernpsychologie. (22. 01 2019). Von
http://www.lernpsychologie.net/motivation/intrinsische-motivation
abgerufen

Likert, R. (1932). A technique for the measurement of attitudes. *Archives of Psychology, 140*, 5-55.

Lind, E. A., & Tyler, T. R. (1988). *The social psychology of procedural justice.* New York: Plenum Press.

Locke, E. A. (1968). Toward a theory of task motivation and incentive. *Organizational Behavior and Human Performance. 3 (2)*, 157-189.

Locke, E. A. (1996). Motivation through conscious goal setting. *Applied & Preventive Psychology 5*, 117-124.

Locke, E. A., & Latham, G. P. (1990). *A theory of goal setting and task performance.* New Jersey: Prentice Hall, Inc.

Locke, E. A., Latham, G. P., & Erez, M. (1988). The determinants of goal commitment. *The Academy of Management Review, 13(1)*, 23-39.

Malachowski, D., & Simonini, J. (2006). *Wasted Time at Work Still Costing Companies Billions in 2006.* www.salary.com.

Mills, J. E., Hu, B., Beldona, S., & Clay, J. (2001). Cyberslacking! A Liability Issue for Wired Workplaces. *Cornell Hotel and Restaurant Administration Quarterly*, 34-47.

Neely, A., Bourne, M., Mills, J., & Wilcox, M. (2000). Designing, implementing and updating performance measurement systems. *International Journal of Operations & Production Management*, 754-771.

Niederle, M., & Vesterlund, L. (2007). Do Women Shy Away From Competition? Do Men Compete Too Much? *The Quarterly Journal of Economics, Volume 122, Issue 3*, 1067–1101.

Poortvliet, M. P., & Darnon, C. (2010). Toward a More Social Understanding of Achievement Goals: The Interpersonal Effects of Mastery and Performance Goals. *Current Directions in Psychological, 19(5)*, 324-328.

Rajagopalan, N. (1998). Strategic orientations, incentive plan adoptions, and firm performance: evidence from electric utility firms. *Strategic Management Journal, Vol.18*, 761-785.

Read, W. H. (1962). Upward communication industrial hierarchies. *Human Relations, 15* , 3–15.

Renn, R. W., Danehower, C., Swiercz, P. M., & Icenogle, M. L. (1999). Further examination of the measurement properties of Leifer and McGannon's (1986) goal acceptance and goal commitment scales. *Journal of Occupational and Organizational Psychology, 72*, 107–113.

Safari, A. (2016). A New Quantitative-Based Performance Management Framework for Service Operations. *Knowledge and Process Management Volume 23 Number 4*, 307–319.

Schweitzer, M. E., Ordóñez, L. D., & Douma, B. (2004). GOAL SETTING AS A MOTIVATOR OF UNETHICAL BEHAVIOR. *Academy of Management Journal, Vol. 47, No. 3*, 422–432.

Seijts, G. H., & Latham, G. P. (2005). Learning versus performance goals : When should each be used ? *Academy of Management Executive, 2005, Vol. 19, No. 1*, 124-131.

Sholihin, M., Pike, R., Mangena, M., & Jing, L. (2011). Goal-setting participation and goal commitment: Examining the mediating roles of procedural fairness and interpersonal trust in a UK financial services organisation. *The British Accounting Review 43*, 135-146.

Strader, T., Simpson, L., & Clayton, S. (2009). Using Computer Resources for Personal Activities. *Journal of International Technology and Information*, 465-476.

van Lent, M., & Souverijn, M. (2017). *Goal Setting and Raising the Bar: A Field Experiment.* Amsterdam und Rotterdam: Tinbergen Institute Discussion Paper, No. 17-001/VII, Tinbergen Institute.

Webb, A., Jeffrey, S. A., & Schulz, A. (2010). Factors Affecting Goal Difficulty and Performance When Employees Select Their Own Performance Goals: Evidence from the Field. *JOURNAL OF MANAGEMENT ACCOUNTING RESEARCH, Vol. 22*, 209-232.

Webb, R. A., Williamson, M. G., & Zhang, Y. M. (2013). Productivity-Target Difficulty, Target-Based Pay, and Outside-the-Box Thinking. *The Accounting Review Vol. 88, No. 4*, 1433-1457.

Welsh, D. T., & Oróñez, L. D. (2014). The dark side of consecutive high performance goals: Linking goal setting, depletion, and unethical behavior. *Organizational Behavior and Human Decision Processes 123*, 79–89.

Wentzel, K. (2002). The influence of fairness perceptions and goal commitment on managers' performance in a budget setting. *Behavioral Research in Accounting, 14*, 247–271.

Wu, G., Heath C, & Larrick, R. (2008). *A Prospect Theory Model of Goal Behavior.* Chicago: Working paper, University of Chicago.

Yin, M., Chen, Y., & Sun, Y.-A. (2013). The Effects of Performance-Contingent Financial Incentives in Online Labor Markets. *AAAI'13 Proceedings of the Twenty-Seventh AAAI Conference on Artificial Intelligence*, 1191-1197.

Zhang, L.-F. (2000). University Students' Learning Approaches in Three Cultures: An Investigation of Biggs's 3P Model. *The Journal of Psychology*, 37-55.